经济理论与政策研究

JINGJI LILUN YU ZHENGCE YANJIU

第十一辑 | 主 编 董长瑞

中国财经出版传媒集团

经济科学出版社
Economic Science Press

图书在版编目（CIP）数据

经济理论与政策研究．第十一辑/董长瑞主编．
—北京：经济科学出版社，2019．1
ISBN 978 - 7 - 5218 - 0232 - 0

Ⅰ．①经…　Ⅱ．①董…　Ⅲ．①经济理论 –
文集②经济政策 – 文集　Ⅳ．①FO – 53

中国版本图书馆 CIP 数据核字（2019）第 023855 号

责任编辑：于海汛　冯　蓉
责任校对：杨　海
责任印制：李　鹏

经济理论与政策研究

（第十一辑）

主　编　董长瑞

经济科学出版社出版、发行　新华书店经销

社址：北京市海淀区阜成路甲 28 号　邮编：100142

总编部电话：010 - 88191217　发行部电话：010 - 88191522

网址：www. esp. com. cn

电子邮件：esp@ esp. com. cn

天猫网店：经济科学出版社旗舰店

网址：http：//jjkxcbs. tmall. com

北京财经印刷厂印装

787 × 1092　16 开　7 印张　140000 字

2019 年 3 月第 1 版　2019 年 3 月第 1 次印刷

ISBN 978 - 7 - 5218 - 0232 - 0　定价：25. 00 元

主编

董长瑞

副主编

杨　丽　彭留英

"习近平新时代中国特色社会主义经济思想高层论坛暨第七届（2018）中国经济学创新与发展研讨会"在山东财经大学成功举办

2018年6月20日，由《山东社会科学》杂志社和山东省理论建设工程重点研究基地——山东财经大学山东省经济理论与政策研究中心主办，《经济与管理评论》编辑部、《山东财经大学学报》编辑部、《经济理论与政策研究》编辑部协办的"习近平新时代中国特色社会主义经济思想高层论坛暨第七届（2018）中国经济学创新与发展研讨会"在山东财经大学（舜耕校区）召开。山东财经大学党委书记王邵军到会致辞，欢迎全国各大高校及科研机构的各位专家学者云集济南交流、探讨，他指出习近平新时代中国特色社会主义经济思想是党和国家十分宝贵的精神财富，是对十八大以来我国经济发展的实践总结和理论升华，为未来中国经济学的发展和创新提供了思想积淀和理念指引，是新时代从事经济学研究的工作者应该着力继承、深入研究和勇于创新的经济学思想。山东省社科联副主席、副书记周忠高为研讨会致辞，欢迎各位专家学者，并祝大会圆满成功。

研讨会上，武汉大学颜鹏飞教授、中国社会科学院王振中研究员、西北大学任保平教授、中国社会科学院胡乐明研究员、华南师范大学赵学增教授、河北经贸大学武建奇教授、中国人民大学杨志教授、中国社会科学院胡家勇研究员、上海财经大学马艳教授、武汉大学王今朝教授、周绍东教授、曲阜师范大学刘刚教授、山东财经大学董长瑞、韩玉玲教授分别从习近平经济思想的渊源、发展、创新和实践等方面进行了深入探讨。闭幕式上，山东财经大学副校长綦好东做总结性讲话，他充分肯定了与会专家精彩的学术思想，强调研究就是发现规律，解释规律！习近平新时代中国特色社会主义经

济思想精髓是对经济社会发展规律的孜孜以求，当代经济学学者应当堪当大任、砥砺前行，振兴中国经济学。他还鼓励与会师生认真学习和掌握习近平思想，踏踏实实做好本职工作。论坛气氛热烈，交流互动充分深入，各位专家学者各抒己见，充分阐释自己的最新思想和成果，为与会师生提供了一场耳目一新、名副其实的学术盛宴。

目　　录

拓展的马克思社会再生产公式中的总供需平衡*

陶为群**

（中国人民银行南京分行，江苏南京　210004）

【摘要】 为增强马克思社会再生产理论对现实的国民经济运行研究的指导性，研究拓展的马克思社会再生产公式中的总供需平衡及其与社会再生产的实现条件之间的关系。分别论述了有折旧的、有对外贸易的、有对外贸易有折旧的马克思社会再生产公式中的总供需平衡是怎样的。有对外贸易有折旧的马克思社会再生产公式中的总供需平衡相对最贴近现实。根据马克思社会再生产理论中的价值构成原理和实物构成原理，拓展的马克思社会再生产公式中的总供需平衡包括生产资料总供需平衡和消费资料总供需平衡两方面内容，与社会再生产的实现条件具有等价性，并且与国民经济核算吻合。

【关键词】 再生产公式　拓展　生产资料　消费资料　总供需平衡

一、引　　言

马克思社会再生产理论包含了对市场经济条件下宏观经济运行的一般归纳与逻辑分析，可以为我们研究现实的国民经济运行提供基本理论指导。陶为群（2018）提出，需要通过切实发挥这个理论对于现实国民经济运行的刻画、分析、解释和具体指导作用，使人们实在地感知它的当代价值和科学的方法论体系，因此需要着眼应用性，贴近现实的国民经济，深化与拓展马克思社会再生产理论，以增强这一理论的现实可用性、现实影响力。[①]

深化与拓展马克思社会再生产理论需要寻求这个理论与国民经济核算的契合。只有使二者契合，才能够切实发挥马克思社会再生产理论对于现实国民经济运行的分析指导作用。其中，由于社会总供需平衡是国民经济核算体系的支柱，也是调控宏观经济的基本准则，所以尤为需要将实现社会再生产与达成总供需平衡连通。社会总供给与社会总需求是国民经济核算中的基本概念也是最综合的宏观指标，总供给与总需求平衡是调控宏观经济的基本准

* 基金项目：国家社会科学基金后期资助项目（15FJL008）。

** 作者简介：陶为群（1955～），男，江苏南京人，研究员，主要研究马克思主义经济学、数量经济。E-mail：taoweiqun@ aliyun. com。

① 陶为群：《马克思社会再生产理论的应用性深化与拓展研究》，载《创新》2018 年第 5 期。

则。将总供需平衡引入马克思社会再生产理论也有助于丰富这一理论自身的内容。

已经有一些学者就马克思社会再生产公式中的总供需平衡做了初步研究。张朝尊、曹新（1994）提出，马克思在《资本论》中虽然没有直接给出总供给和总需求概念，但是在有关社会总资本再生产的论述中，分别提出了生产资料总产品供给等于需求、消费资料总产品供给等于需求这两个社会再生产的实现条件等式，将两个实现条件等式相加，就是表示社会总供给与总需求平衡的等式。[①] 张建君（2006）指出，凯恩斯的国民收入基本公式以及实现宏观经济平衡的基本条件与马克思两大部类再生产基本公式、平衡条件有内在的联系。[②]

马克思社会再生产理论在经典的社会再生产公式中得到集中体现。与只针对单一社会产品的一般总供需平衡不同，马克思社会再生产公式中区分了生产资料、消费资料两种不同用途的社会产品，因而马克思社会再生产理论中既含有产品价值构成原理，又含有社会总产品的实物构成原理，这是由于商品具有价值和使用价值二重性所导致。所以，如同不可以将具有实物形态含义的社会再生产的两个实现条件等式相加同样道理，一般也不可以从两个实现条件等式当中扣除与中间产品相对应的不变资本补偿后直接相加。将针对生产资料、消费资料社会最终产品总供给与总需求平衡的两个等式相加，只能适用于在价值形态上而不适用于在实物形态上。这是马克思社会再生产公式中的总供需平衡与凯恩斯总供需平衡的基本范畴和基本公式的一个重大区别。

出于论证资本主义的生产方式必然消亡的社会发展规律的目的，经典的社会再生产公式当中对于社会总资本的再生产做了的极大简化。固定资本在经济核算中是非常重要的要素，尽管马克思在《资本论》第2卷第八章中很详细地专门论述了固定资本的特点与周转，但是在经典马克思的社会再生产公式里，却没有把固定资本分离出来，而是把固定资本周转简化成像中间消耗一样处理。藤森赖明、李帮喜（2014）指出，马克思自身对固定资本运动的研究并未完成，特别是没有阐明包含固定资本的扩大再生产图式，这是一个遗留问题。斯拉法最早提出了将固定资本作为一种联合生产物来处理的方法，即把新投入的固定资本作为0岁固定资本，则一年的社会再生产除了生产出社会总产品之外，还生产出1岁的固定资本。[③] 这种处理固定资本周转的方法比较复杂。陶为群（2013，2016）提出按照年折旧率处理固定资本周转、与国民经济核算以及固定资本核算的"永续盘存法"都吻合的马克思社

① 张朝尊、曹新：《马克思关于总供给和总需求平衡的理论》，载《经济学家》1994年第4期。

② 张建君：《马克思与西方经济学国民收入理论比较的再研究》，载《经济评论》2006年第4期。

③ 藤森赖明（日）、李帮喜：《马克思经济学与数理分析》，社会科学文献出版社2014年版，第135～166页。

会再生产公式，论证了实现简单再生产和扩大再生产的前提条件；[1] 合并研究了有固定资本折旧的社会扩大再生产中的影子价格。[2]

经典的马克思社会再生产公式是在不含有对外贸易因素的情形下研究社会再生产。但是，现实的社会再生产中进出口对于社会再生产和总供需平衡都有重大的影响。李翀（2006）将国际贸易引入马克思两大部类再生产公式，指出国际贸易使社会再生产突破原来的条件限制，同时它本身也成为社会再生产的条件。[3] 程恩富、马艳（2012）构建了一个带有较严格假定国际贸易条件的社会再生产模型，但是没有研究模型的求解问题。[4] 陶为群（2018）建立了社会再生产的中间消耗、最终需求都含有明确的内需与外需结构的社会再生产公式并给出一般求解方法以及充分必要条件。[5] 现实的社会再生产中一般既有对外贸易也有折旧，是有对外贸易有折旧的社会再生产。所以，需要贴近现实经济运行和国民经济核算，对经典的马克思社会再生产公式加以拓展，建立有对外贸易有折旧的社会再生产公式并研究其中的总供需平衡，以增强马克思社会再生产理论与现实经济的吻合度和对于现实经济现象的解释力。上述已有的探索研究，对于研究有折旧有对外贸易的社会再生产公式以及当中的总供需平衡提供了重要的启示。

二、有折旧的社会再生产公式中的总供需平衡

已经有研究提出了有固定资本折旧的马克思社会再生产公式。公式是表示社会再生产中生产资料、消费资料两个部类的产品价值构成、剩余价值使用行为和生产资料、消费资料总产品供需平衡条件的一组线性方程。按照马克思社会再生产理论，社会生产部门划分成生产资料、消费资料的两个部类，分别记为第Ⅰ、Ⅱ部类。第 j 部类（j = Ⅰ，Ⅱ。下同）在年初时点的总资本分解成用于购买生产资料的不变资本、购买劳动力的可变资本两个部分，记用作可变资本的是 V_j；不变资本又要一分为二，成为固定资本和购买中间消耗品的另一部分，分别记为 D_j 和 C_j。仍然按照经典的马克思再生产公式中的假定，设 C_j 和 V_j 都是每年周转一次；固定资本年折旧率是 δ_j^D，保持不变，那么，当年 C_j，$\delta_j^D D_j$ 分别作为中间消耗、固定资本折旧转移到产品当中；V_j 在产品当中新创造出来，并带来它的剩余价值 M_j。设剩余价值

①　陶为群：《马克思再生产公式与国民收入核算的契合》，载《管理学刊》2013 年第 4 期。

②　陶为群：《分离固定资本的社会扩大再生产中的影子价格》，载《海派经济学》2016 年第 1 期。

③　李翀：《论国际贸易条件下的资本积累和社会资本再生产》，载《广州大学学报》2016 年第 7 期。

④　程恩富、马艳：《高级现代政治经济学》，上海财经大学出版社 2012 年版，第 207 ~ 222 页。

⑤　陶为群：《运用马克思再生产公式认识把握我国的进出口——分析中美贸易摩擦影响的一个理论框架及启示》，载《管理学刊》2018 年第 5 期。

率保持为 e_j 不变，并且固定资本 D_j 与中间消耗 C_j 之间的比例系数保持为 γ_j 不变，中间消耗对于可变资本的倍数保持为 h_j 不变。以 Y_j，X_j 分别表示第 j 部类新创造价值、总产值，以 M_{xj} 表示第 j 部类投资者把本部类的剩余价值中用于个人消费的部分；对确定了含义的字母前面加符号 Δ 表示年末相对年初的增量。那么在每个部类内部，总产值的各构成部分之间的关系被下面的定义方程所确定。

$$\begin{cases} D_j = \gamma_j C_j \\ C_j = h_j V_j \\ M_j = e_j V_j \\ Y_j = \delta_j^D D_j + V_j + M_j \\ X_j = C_j + Y_j \end{cases} \qquad \gamma_j \geq 0，当且仅当 \delta_j^D = 1 时 \gamma_j = 0，j = I，II \quad (1)$$

如果单就某个固定资本来看，提取了折旧后这个固定资本所对应的机器设备实物形态可能仍然在社会再生产过程中发挥作用，但是从全社会汇总来看，如果这种机器设备的平均折旧年限为 8 年而总共有 8 万台这种机器设备，则均衡折旧每年就有 1 万台这种机器设备被报废并且得到更新。对于别的实物形态的固定资本同样如此。所以从全社会汇总来看，第 j 部类的固定资本折旧 $\delta_j^D D_j$ 就对应着同样数量的固定资本报废并且更新。这与国民经济核算以及固定资本核算的"永续盘存法"都是吻合的。

剩余价值 M_j 是本部类补偿固定资本折旧、形成资本增量、投资者剩余价值消费的唯一来源，因而有下面的剩余价值和折旧使用行为方程。

$$\delta_j^D D_j + \Delta C_j + \Delta D_j + \Delta V_j + M_{xj} = \delta_j^D D_j + M_j \qquad j = I，II \qquad (2)$$

由于按照经典的马克思再生产公式和式（1），在每个部类内部，总产值的各构成部分之间保持固定不变的关系，因而总产值增量的各构成增量之间也保持同样的固定不变关系。那么基于式（1），又存在下面的行为方程。

$$\begin{cases} \Delta D_j = \gamma_j \Delta C_j \\ \Delta C_j = h_j \Delta V_j \qquad j = I，II \\ \Delta M_j = e_j \Delta V_j \end{cases} \qquad (3)$$

式（1）、式（2）、式（3）的含义是在价值形态上相等。

实现再生产意味着当年的全部生产资料、消费资料的使用量与生产量平衡，因而存在下面生产资料平衡条件，

$$\sum_{j=1}^{II} (\delta_j^D D_j + C_j + \Delta D_j + \Delta C_j) = \delta_I^D D_I + C_I + V_I + M_I$$

$$\Delta D_j，\Delta C_j \geq 0，j = I，II \qquad (4)$$

以及消费资料平衡条件。

$$\sum_{j=1}^{II} (V_j + \Delta V_j + M_{xj}) = \delta_{II}^D D_{II} + C_{II} + V_{II} + M_{II} \qquad \Delta V_j，M_{xj} \geq 0，j = I，II$$

$$(5)$$

生产资料平衡条件式（4）的左、右两边在实物形态上都表示生产资料，所以平衡条件式（4）具有价值形态上和实物形态上相等的双重含义。同样道理，消费资料平衡条件式（5）也具有价值形态上和实物形态上相等的双重含义。

式（1）至式（5）合在一起，就是有折旧的社会再生产公式。其中，生产资料、消费资料平衡条件式（4）、式（5）是公式的主要部分，而定义方程（1）和行为方程（2）、（3）则共同决定了公式所具有的特殊结构。在经典的马克思社会再生产公式中，把固定资本折旧简化成为当年全部折旧，则公式中 $\delta_{\mathrm{I}}^{\mathrm{D}} = \delta_{\mathrm{II}}^{\mathrm{D}} = 100\%$，折旧 $\delta_j^{\mathrm{D}} D_j$ 就如同原材料消耗一样被计入中间消耗。于是，年初的固定资本 D_j 就被并入到中间消耗 C_j 之中而被省去；由于 C_j 中已经包含了全部的固定资本，D_j 不单独存在，相当于 $\gamma_{\mathrm{I}} = \gamma_{\mathrm{II}} = 0$。并且由于固定资本被作为中间消耗而省去，第 j 部类的新创造价值 Y_j 就表示生产净值。所以，有折旧的社会再生产公式是对于经典的马克思社会再生产公式的拓展；而经典的马克思社会再生产公式，又可以作为有折旧的社会再生产公式当两个部类的年折旧率都是 100% 的特殊情形，可以看作是无折旧的社会再生产公式。

社会总供给的含义是一个国家或地区在一定时期内（通常为 1 年）由所有经济部门提供的、按市场价格计算的、可供最终使用的产品和劳务总量加上产品和劳务进口。社会总需求的含义是同时期所有经济部门购买产品和劳务支出的总和加上产品和劳务出口。社会总供给与社会总需求剔除了中间产品和中间需求。[①] 当年的总供给、总需求可以分别用 AS 和 AD 表示。总供给、总需求平衡可以用方程 AS = AD 表示。

将社会再生产的实现条件式（4）左右两边剔除中间消耗 C_{I} 和 C_{II}，得到下面的方程。

$$\sum_{j=1}^{\mathrm{II}} \delta_j^{\mathrm{D}} D_j + \sum_{j=1}^{\mathrm{II}} (\Delta D_j + \Delta C_j) = \delta_{\mathrm{I}}^{\mathrm{D}} D_{\mathrm{I}} + V_{\mathrm{I}} + M_{\mathrm{I}} - C_{\mathrm{II}} \qquad (6)$$

从实物形态看，式（6）左边有两项，第一项是两大部类的固定资本折旧，第二项是两大部类的净额新增不变资本，所以式（6）左边表示总额口径的生产资料总需求 AD_{I}；而式（6）右边是剔除中间产品之后总额口径的生产资料总供给 AS_{I}。所以式（6）表示总额口径的生产资料总供需平衡，具有价值形态上和实物形态上相等的双重含义。社会再生产的实现条件式（5）表示消费资料总供需平衡。于是，有折旧的社会再生产公式之中的总供需平衡关系式，由生产资料总供需平衡式（6）、消费资料总供需平衡式（5）两式组成；总供需平衡与社会再生产的实现条件具有等价性。

---

① 宋承先、许强：《现代西方经济学（宏观经济学）》（第三版），复旦大学出版社 2004 年版，第 24～40 页。

按照国民收入核算原理，定义方程式（1）中的 Y_j 表示第 j 部类的包含折旧的生产总值即增加值，两大部类增加值之和是按照生产法的口径核算国内生产总值，记为 Y，则 $Y = Y_I + Y_{II}$。从价值形态讲，两个部类的生产总值扣除全社会消费掉的消费资料 X_{II} 的价值后，剩余的是全社会储蓄S，其定义是当年新创造出来的国民产品（包括折旧）中没有被人们消费掉的那部分产品。因为当满足社会再生产的实现条件时消费资料总供需平衡，全部消费资料产品 X_{II} 都被消费掉了。所以在价值形态上

$$S = Y_I + Y_{II} - X_{II} \tag{7}$$

将定义方程式（1）代入式（7）得到下面的方程。

$$S = \delta_I^D D_I + V_I + M_I - C_{II} \tag{8}$$

根据马克思社会再生产理论中的有实物构成原理，生产资料是不能够用于人们消费掉的，因而全部生产资料 X_I 扣除两个部类的中间消耗（C_I + C_{II}）后，就都是当年新创造出来的国民产品中没有被人们消费掉的那部分产品。所以在实物形态上，式（8）右边表示储蓄，和在价值形态上表示储蓄的式（7）右边完全相同，从而马克思社会再生产理论中的储蓄具有价值形态与实物形态的双重含义。

另一方面，从社会再生产的实现条件式（4）左右两边剔除中间消耗 C_I 和 C_{II} 后得到的式（6）左边的第1项、第2项分别代表全社会的固定资本折旧和净投资，合起来是总投资 I。所以，有折旧的马克思社会再生产公式之中的生产资料总供需平衡方程式（6）的经济含义是总储蓄等于总投资。当实现社会再生产，在价值形态上将消费资料总供需平衡条件式（5）、生产资料总供需平衡条件式（6）相加并将式（7）和式（8）代入，得到如下方程。

$$\sum_{j=1}^{II} (\delta_j^D D_j + \Delta D_j + \Delta C_j) + \sum_{j=1}^{II} (V_j + \Delta V_j + M_{xj}) = \sum_{j=1}^{II} Y_j \tag{9}$$

式（9）的经济含义是总投资 + 消费 = 国内生产总值，这正是一般封闭的两部门国民经济核算的总供需平衡方程的含义。所以在价值形态上，有折旧的马克思社会再生产公式中的总供需平衡与国民经济核算契合。

特别指出：因为分别表示生产资料、消费资料总供需平衡的式（6）、式（5）与社会再生产的两个实现条件具有等价性，而实现有折旧的社会扩大再生产需要具备一定的前提条件，所以有折旧的社会扩大再生产实现总供需平衡也需要同样的前提条件。

三、有对外贸易的社会再生产公式中的总供需平衡

已经有研究提出了社会再生产的中间消耗、最终需求都含有明确的内需与外需结构的、有对外贸易的马克思社会再生产公式。公式在经典的两大部类再生产中增加了对外贸易，保持了经典的马克思再生产公式使用的假定条

件。另外，以 ψ_j^C 表示第 j 部类生产资料消耗的本国自给率，则 $1-\psi_j^C$ 是生产资料的进口率；购买生产资料的不变资本 $C_j^{(t)}$ 一分为二，其中的 ψ_j^C 比例购买本国的生产资料，$1-\psi_j^C$ 比例购买进口的生产资料。以 ψ^V，ψ^M 分别表示每个部类劳动者工资消费、投资者剩余价值消费中的本国自给率，即本国产消费品的份额，则 $1-\psi^V$，$1-\psi^M$ 分别表示相应的进口率。劳动者的工资消费 $V_j^{(t)}$ 一分为二，其中的 ψ^V 比例购买本国的消费资料，$1-\psi^V$ 比例购买进口的消费资料。投资者剩余价值消费 M_{xj} 也一分为二，其中的 ψ^M 比例购买本国的消费资料，$1-\psi^M$ 比例购买进口的消费资料。ψ_I^C，ψ_{II}^C 和 ψ^V，ψ^M 可以完整体现社会再生产中的内需与外需结构，是再生产公式中重要的结构参数。以 EX_j 表示第 j 部类的产品出口，再以 IM_I，IM_{II} 分别表示本国的生产资料、消费资料进口。

将有折旧的社会再生产公式当中的定义方程、剩余价值使用行为方程式（1）、式（2）与式（3）中的每个部类折旧率都取为 100%，则年初的固定资产就被并入到中间消耗之中而被省去，就成为有对外贸易的马克思社会再生产的定义方程、剩余价值使用行为方程。社会再生产的生产资料平衡条件，由下面的本国产生产资料平衡条件式（10）、进口生产资料平衡条件式（11）组成。

$$\sum_{j=1}^{II} \psi_j^C \left(C_j + \Delta C_j\right) + EX_I = C_I + V_I + M_I \qquad 0 < \psi_I^C,\ \psi_{II}^C \leqslant 1 \qquad (10)$$

$$\sum_{j=1}^{II} \left(1 - \psi_j^C\right)\left(C_j + \Delta C_j\right) = IM_I \qquad (11)$$

社会再生产的消费资料平衡条件，也由下面的本国产消费资料平衡条件式（12）、进口消费资料平衡条件式（13）组成。

$$\sum_{j=1}^{II} \psi^V (V_j + \Delta V_j) + \sum_{j=1}^{II} \psi^M M_{xj} + EX_{II} = X_{II} \qquad 0 < \psi^M \leqslant \psi^V \leqslant 1 \qquad (12)$$

$$\sum_{j=1}^{II} \left(1 - \psi^V\right)(V_j + \Delta V_j) + \sum_{j=1}^{II} \left(1 - \psi^M\right) M_{xj} = IM_{II} \qquad (13)$$

从严格的意义上说，本国产生产资料、进口生产资料是不同的产品；本国产消费资料、进口消费资料也是不同的产品；有对外贸易的社会再生产中包含着四种不同的产品。所以，有对外贸易的社会再生产的生产资料、消费资料平衡条件式（10）至式（13）都具有价值形态上和实物形态上相等的双重含义。定义方程、剩余价值使用行为方程与生产资料、消费资料平衡条件合在一起，是有对外贸易的社会再生产公式，其中主要部分是生产资料、消费资料平衡条件式（10）至式（13）。

如果有对外贸易的社会再生产没有发生对外贸易，那么两个部类的出口 $EX_I^{(t)} = EX_{II}^{(t)} = 0$；全社会进口 $IM_I^{(t)} = IM_{II}^{(t)} = 0$。在这种情况下实现社会再生产的生产资料、消费资料只能完全自给即自给率 $\psi_I^C = \psi_{II}^C = 1$ 和 $\psi^V = \psi^M = 1$。

于是，有对外贸易的社会再生产公式之中的本国产生产资料平衡条件式
（10）、本国产消费资料平衡条件式（12）分别简化成为经典的社会再生产
公式中的生产资料、消费资料平衡条件；而进口生产资料平衡条件式（11）、
进口消费资料平衡条件式（13）都简化成为 0 = 0。从而，有对外贸易的社
会再生产公式中社会再生产的实现条件就简化成为政治经济学教科书中经典
的社会再生产公式中的社会再生产条件。[①]　于是，经典的社会再生产公式可
以看作是有对外贸易的社会再生产公式在没有发生对外贸易时的一种特殊情
形。所以，有对外贸易的社会再生产公式是对于经典的社会再生产公式的衔
接与拓展。

当实现社会再生产，在价值形态上将本国产生产资料平衡条件式（10）、
进口生产资料平衡条件式（11）相加，得到有对外贸易的全部生产资料平衡
条件。

$$\sum_{j=1}^{II} (C_j + \Delta C_j) + EX_I = C_I + V_I + M_I + IM_I \qquad (14)$$

全部生产资料平衡条件成立。因为每个部类的全部生产资料消耗当中，
含有的本国生产的、进口的生产资料消耗保持着固定不变的比例，从而只要
全社会的本国产生产资料平衡，那么全社会的进口生产资料也必然平衡。所
以，本国产生产资料平衡条件式（10）、进口生产资料平衡条件式（11）只
有一个是独立的。同样道理，本国产消费资料平衡条件式（12）、进口消费
资料平衡条件式（13）也只有一个是独立的。

分别从本国产生产资料平衡条件式（10）、进口生产资料平衡条件式
（11）中剔除第 j 部类的中间消耗 $\psi_j^C C_j$ 和 $(1 - \psi_j^C) C_j$，得到本国产生产资料
总供需平衡条件：

$$\sum_{j=1}^{II} \psi_j^C \Delta C_j + EX_I = (1 - \psi_I^C) C_I + V_I + M_I - \psi_{II}^C C_{II} \qquad (15)$$

和进口生产资料总供需平衡条件。

$$\sum_{j=1}^{II} (1 - \psi_j^C) \Delta C_j = - (1 - \psi_I^C) C_I - (1 - \psi_{II}^C C_{II}) + IM_I \qquad (16)$$

本国产生产资料总供需平衡条件式（14）、进口生产资料总供需平衡条件式
（15）和本国产消费资料平衡条件式（12）、进口消费资料平衡条件式（13）
共同组成有对外贸易的社会再生产的总供需平衡条件，与社会再生产的实现
条件具有等价性。

当实现社会再生产，在价值形态上将式（15）和式（16）相加得到如
下等式。

---

① 程恩富、冯金华、马艳：《现代政治经济学新编》（完整版·第二版），上海财经大学出版社
2012 年版，第 195～207 页。

$$\sum_{j=1}^{II} \Delta C_j + EX_I = V_I + M_I - C_{II} + IM_I \qquad (17)$$

式（17）和从有对外贸易的全部生产资料平衡条件式（14）中剔除两个部类的中间消耗 C_I 和 C_{II} 后得到的结果是相同的。从国民经济核算的角度看，有对外贸易的社会再生产包含了国外部门，因此总供给与总需求当中含有国外部门的供给与需求。式（17）左边表示净额口径的、有出口的生产资料总需求 AD_I；右边表示本国生产的生产资料与进口生产资料总和扣除掉两个部类的生产资料消耗后剩余的部分，是净额口径的、有进口的生产资料总供给 AS_I。于是式（17）的经济意义是在价值形态上有对外贸易的生产资料总供需平衡。当实现社会再生产，本国产消费资料平衡条件式（12）、进口消费资料平衡条件式（13）都成立，在价值形态上将两式相加，得到如下等式。

$$\sum_{j=1}^{II} (V_j + \Delta V_j + M_{xj}) + EX_{II} = X_{II} + IM_{II} \qquad (18)$$

式（18）的左边表示本国消费与出口对于消费资料的总需求 AD_{II}；右边表示本国产消费资料与进口消费资料总供给 AS_{II}。于是式（18）的经济意义是在价值形态上有对外贸易的消费资料总供需平衡。

当实现社会再生产，在价值形态上可以将生产资料总供需平衡条件式（17）与消费资料总供需平衡条件式（18）相加，得到有对外贸易的生产资料、消费资料总供需平衡条件。再将式（7）和式（8）代入，得到下式。

$$\sum_{j=1}^{II} \Delta C_j + \sum_{j=1}^{II} (V_j + \Delta V_j + M_{xj}) + \sum_{j=1}^{II} EX_j = \sum_{j=1}^{II} Y_j + \sum_{j=1}^{II} IM_j \qquad (19)$$

式（19）的左边三项分别表示净投资、消费、出口三大需求；右边两项分别表示国内生产净值和进口。所以式（19）经济意义是：净投资 + 消费 + 出口 = 国内生产净值 + 进口。这正是含有国外部门的净额口径国民经济核算的恒等式。所以，有对外贸易的社会再生产公式之中的总供需平衡与含有国外部门的净额国民经济核算吻合。

四、有对外贸易有折旧的社会再生产公式中的总供需平衡

有对外贸易有折旧的社会再生产公式是有折旧的社会再生产公式、有对外贸易的社会再生产公式两者的合成。保留这两个公式当中的全部假定和字母标记。那么，有对外贸易有折旧的社会再生产公式中的定义方程，是有折旧的社会再生产公式中的定义方程、剩余价值使用行为方程是式（1）、式（2）与式（3）；消费资料平衡条件是有对外贸易的社会再生产公式中的本国产消费资料平衡条件式（12）与进口消费资料平衡条件式（13）；生产资料平衡条件由下面的本国产生产资料平衡条件式（20）与进口生产资料平衡

条件式（21）组成。

$$\sum_{j=1}^{\text{II}} \psi_j^C (\delta_j^D D_j + C_j + \Delta D_j + \Delta C_j) + EX_I = \delta_I^D D_I + C_I + V_I + M_I$$
$$0 < \psi_I^C, \psi_{\text{II}}^C \leq 1 \qquad (20)$$

$$\sum_{j=1}^{\text{II}} (1 - \psi_j^C)(\delta_j^D D_j + C_j + \Delta D_j + \Delta C_j) = IM_I \qquad 0 < \psi_I^C, \psi_{\text{II}}^C \leq 1$$
$$(21)$$

式（20）、（21）都具有价值形态上和实物形态上相等的双重含义，两式只有一个是独立的。

分别从两式中剔除第 j 部类的中间消耗 $\psi_j^C C_j$ 和 $(1 - \psi_j^C) C_j$，得到本国产生产资料总供需平衡条件：

$$\sum_{j=1}^{\text{II}} \psi_j^C (\delta_j^D D_j + \Delta D_j + \Delta C_j) + EX_I = \delta_I^D D_I + (1 - \psi_I^C)$$
$$C_I + V_I + M_I - \psi_{\text{II}}^C C_{\text{II}}$$
$$(22)$$

和进口生产资料总供需平衡条件。

$$\sum_{j=1}^{\text{II}} (1 - \psi_j^C)(\delta_j^D D_j + \Delta D_j + \Delta C_j) = -(1 - \psi_I^C) C_I - (1 - \psi_{\text{II}}^C C_{\text{II}}) + IM_I$$
$$(23)$$

式（22）、式（23）和本国产消费资料平衡条件式（12）、进口消费资料平衡条件式（13）共同组成有对外贸易有折旧的社会再生产的总供需平衡条件，与社会再生产的实现条件具有等价性。

当实现社会再生产，在价值形态上将式（22）和式（23）相加得到下式。

$$\sum_{j=1}^{\text{II}} \delta_j^D D_j + \sum_{j=1}^{\text{II}} (\Delta D_j + \Delta C_j) + EX_I = \delta_I^D D_I + V_I + M_I - C_{\text{II}} + IM_I \qquad (24)$$

根据已经对于式（6）的经济含义的说明，式（24）左边表示总投资＋生产资料出口，是有出口的总额口径生产资料总需求 AD_I；右边表示全社会储蓄 S ＋生产资料进口，是有进口的总额口径生产资料总供给 AS_I。因此，式（24）的经济含义是有对外贸易的总额口径生产资料总供需平衡。

当实现社会再生产，在价值形态上将式（24）、表示本国消费与出口对于消费资料的总需求 AD_{II} 和本国产消费资料与进口消费资料总供给 AS_{II} 相等的消费资料平衡条件式（18）相加，得到有对外贸易有折旧的生产资料、消费资料总供需平衡条件。再将式（7）和式（8）代入，得到下式。

$$\sum_{j=1}^{\text{II}} (\delta_j^D D_j + \Delta D_j + \Delta C_j) + \sum_{j=1}^{\text{II}} (V_j + \Delta V_j + M_{xj}) + \sum_{j=1}^{\text{II}} EX_j = \sum_{j=1}^{\text{II}} Y_j + \sum_{j=1}^{\text{II}} IM_j$$
$$(25)$$

式（25）的左边 3 项分别表示总投资、消费、出口三大需求；右边两项分别表示国内生产总值和进口。所以式（25）经济含义是：总投资＋消费＋出口＝国内生产总值＋进口。这正是含有国外部门的国民经济核算的一般恒等式。所以，有对外贸易有折旧的社会再生产公式之中的总供需平衡与含有国外部门的国民经济核算吻合。

如果在有对外贸易有折旧的社会再生产中没有发生对外贸易，社会再生产公式中的总供需平衡就简化成为有折旧的社会再生产公式中的总供需平衡；如果在有对外贸易有折旧的社会再生产中简化成为固定资本一年全部折旧，社会再生产公式中的总供需平衡就简化成为有对外贸易的社会再生产公式中的总供需平衡。所以，有对外贸易有折旧的社会再生产公式之中的总供需平衡，是对于有折旧的社会再生产公式和有对外贸易的社会再生产公式之中的总供需平衡的衔接与拓展；而有折旧的社会再生产公式或者有对外贸易的社会再生产公式中的总供需平衡都可以看作是有对外贸易有折旧的社会再生产公式中的总供需平衡的一种特别情形。

五、结　　语

综合本文全部研究表明，可以根据国民经济核算原理，将总供需平衡引入拓展的马克思社会再生产公式，分别获得有折旧的、有对外贸易的、有对外贸易有折旧的马克思社会再生产公式中的总供需平衡关系式。有对外贸易有折旧的马克思社会再生产公式中的总供需平衡相对最贴近现实的国民经济核算。根据马克思社会再生产理论中既含有价值构成原理又含有实物构成原理，拓展的马克思社会再生产公式中的总供需平衡包括生产资料总供需平衡、消费资料总供需平衡两方面内容，与社会再生产的实现条件具有等价性，并且与国民经济核算吻合。

由于实现拓展的社会简单再生产和扩大再生产都需要具备一定的前提条件，因此实现拓展的马克思社会再生产公式中的总供需平衡需要具备同样的前提条件。明确拓展的马克思社会再生产公式中的总供需平衡是怎样的，可以为运用马克思社会再生产理论指导国民经济总供需平衡提供一条比较直接的路径，也有助于运用马克思社会再生产理论中的固定资本周转理论、国际价值理论深入研究影响国民经济总供需平衡的复杂因素。

马克思社会扩大再生产公式只有在有解即存在资本积累的某种安排情形下，才真正对于解释和指导现实经济具有理论意义。对于本文论述的三种情形的拓展的马克思社会再生产公式，都需要进一步研究每一种情形的社会扩大再生产的一般求解方法和相应的充分必要条件。

参 考 文 献

［1］陶为群：《马克思社会再生产理论的应用性深化与拓展研究》，载《创新》2018

年第 5 期。

[2] 张朝尊、曹新：《马克思关于总供给和总需求平衡的理论》，载《经济学家》1994 年第 4 期。

[3] 张建君：《马克思与西方经济学国民收入理论比较的再研究》，载《经济评论》2006 年第 4 期。

[4] 藤森赖明（日）、李帮喜：《马克思经济学与数理分析》，社会科学文献出版社 2014 年版，第 135～166 页。

[5] 陶为群：《马克思再生产公式与国民收入核算的契合》，载《管理学刊》2013 年第 4 期。

[6] 陶为群：《分离固定资本的社会扩大再生产中的影子价格》，载《海派经济学》2016 年第 1 期。

[7] 李翀：《论国际贸易条件下的资本积累和社会资本再生产》，载《广州大学学报》2016 年第 7 期。

[8] 程恩富、马艳：《高级现代政治经济学》，上海财经大学出版社 2012 年版，第 207～222 页。

[9] 陶为群：《运用马克思再生产公式认识把握我国的进出口——分析中美贸易摩擦影响的一个理论框架及启示》，载《管理学刊》2018 年第 5 期。

[10] 宋承先、许强：《现代西方经济学（宏观经济学）》（第三版），复旦大学出版社 2004 年版，第 24～40 页。

[11] 程恩富、冯金华、马艳：《现代政治经济学新编》（完整版·第二版），上海财经大学出版社 2012 年版，第 195～207 页。

The Balances of Aggregate Supply and Aggregate Demand in the Expanded Marx's Reproduction Formula

Tao Weiqun

(Nanjing Branch, The People's Bank of China, Nanjing, 210004)

Abstract: In order to enhance the guidance of Marx's social reproduction theory to the study of the actual national economy operation, the balance of aggregate supply and aggregate demand in the extended Marx's social reproduction formula and the relationship of it with the realization conditions of social reproduction were studied. The balance of aggregate supply and aggregate demand in Marx's social reproduction formula which is with depreciation or with foreign trade or with both depreciation and foreign trade was discussed respectively. The last of them is relatively close to reality. According to the value principle and physical principle in Marx's social reproduction theory, the balance of aggregate supply and aggregate demand about both capital goods and consumer goods are included. These are of equivalence to the realization conditions of the social reproduction. Also these are in accordance with the national economic accounting.

Keywords: Reproduction Formula　　Extend　　Capital Goods　　Consumer Goods　　the Balance of Aggregate Supply and Aggregate

论中国特色社会主义政治经济学的理论基准

侯风云*

（山东大学经济学院，济南　250100）

【摘要】本文针对上海财经大学田国强教授提出的中国特色社会主义政治经济学的理论基准问题进行讨论。文章首先从政治经济学的发展历程中说明了中国特色社会主义政治经济学的理论来源是马克思主义政治经济学；分析了新古典经济学以及依此发展的现代西方经济学的非政治经济学性质，认为现代西方经济学既不能构成马克思主义政治经济学的理论基准，更不能构成中国特色社会主义政治经济学的理论基准；最后文章讨论了作为马克思主义政治经济学理论基础的劳动价值论在构建社会主义政治经济学和中国特色社会主义政治经济学中的理论基准意义。

【关键词】政治经济学　新古典经济学　现代西方经济学　马克思主义政治经济学
社会主义政治经济学　中国特色社会主义政治经济学

一、引　言

关于中国特色社会主义政治经济学理论基准的思考，受益于田国强教授的《我对中国特色社会主义政治经济学的理解》①一文中关于理论基准的阐发。他认为"中国特色社会主义政治经济学理论一方面需要发展源于中国的基准理论，另一方面可以通过对各种基本假设的放松，提出相对实用的第二类经济理论，因为你必须要解释现实问题。"进而指出"中国特色社会主义政治经济学必须提供大量的这两类理论，基准理论和相对实用理论。这样，中国特色社会主义政治经济学就会是一个相当包容和开放的，是动态发展的学科"。

那么中国特色社会主义政治经济学提供的基准理论是什么呢？田国强教授说，"中国特色社会主义新政治经济学因为坚持党的领导、以辩证唯物主义和历史唯物主义为指导，再加上规范的现代经济学方法，就已经有相当大的包容性了。中国特色社会主义新政治经济学既属于中国特色社会主义政治

---

* 侯风云，山东大学经济学院教授、博导，邮箱：Houfengyun100@163.com，电话：13854178109。

① 这里是指 2017 年 12 月 19 日上午，上海财经大学经济学院田国强教授在清华政治经济学高端论坛上作的题为《我对中国特色社会主义政治经济学的理解》的主旨报告。

经济学范畴，也可以视作为是现代经济学的一个分学科领域""现代经济学包括了奥地利学派、行为经济学、计算经济学等"。这样，田国强教授认为，中国特色社会主义新政治经济学是现代经济学的一个分学科领域，也就是说，中国特色社会主义新政治经济学和奥地利学派、行为经济学、计算经济学等学派一样并列包括在现代经济学中，并成为其中的一个分学科。进而，田国强教授认为，为了让中国特色社会主义新政治经济学使别人（世界）看得懂，就得用别人的语言。"你如果用一套别人都不懂的语言去讲解中国故事，能让中国成为世界的领导者吗？"用别人听得懂的语言，就可以抢占国际话语权，于是就得用别人的话语体系。笔者认为，片面强调用别人听得懂的语言，把自己独特的学科当作"现代经济学（现代经济学包括了奥地利学派、行为经济学、计算经济学等）的一个分学科领域"，就会使中国特色社会主义政治经济学失去自己的学科性质，从而不能够通过研究中国特色社会主义政治经济学来解决中国经济社会发展中的利益协调问题。田国强教授说："那些基础性的原创性的具有共性的经济学理论和共性的研究和创新是没有国界的，具有一般性，比如说消费者理论、一般均衡理论、厂商理论等等，包括一些方法论，博弈论，信息经济学，机制设计理论，委托理论，拍卖理论，匹配理论等等，各个国家都可以用"。这是不是说，这些具有共性的经济学理论可以作为中国特色社会主义政治经济学的基准理论？由于笔者在田教授的报告中没有再找到相应的具体的关于基准理论的说明，便据此叙述进行推断。

我们认为，不能为了让别人听得懂，而放弃自己的基准理论，去用别人的语言讲中国的故事。要让中国成为世界的领导者，就应该通过我们的语言和成就告诉世界，社会主义的中国是可行的，如果我们的实践和理论可行了，就可以引导世界或领导世界向着这个方向努力。实际上，习近平倡导的"人类命运共同体"并不是现代经济学能够解释的，而是社会主义政治经济学才能解释的理论。因为这一倡议所体现出的并不是建立在西方经济学经济人利己假设基础上的政治经济学，而是建立在从世界各国利益着想，建立在利他假设、利益相融基础上的政治经济学，其价值判断是人类命运是一体的：我好你才好，你好我才好，损人并不能利己，大家都好才是真的好。建立在这样的价值判断基础上，来协调各国之间的关系，就是从主观上要照顾彼此利益关切，实现和平共赢。习近平在 2016 年 5 月 17 日《在哲学社会科学工作座谈会上的讲话》就指出"不能把一种理论观点和学术成果当成'唯一准则'""解决中国的问题，提出解决人类问题的中国方案，要坚持中国人的世界观、方法论。如果不加分析把国外学术思想和学术方法奉为圭臬，一切以此为准绳，那就没有独创性可言了。如果用国外的方法得出与国外同样的结论，那也就没有独创性可言了。""要推出具有独创性的研究成果，就要从我国实际出发，坚持实践的观点、历史的观点、辩证的观点、发展的观点，在实践中认识真理、检验真理、发展真理。"笔者认为这里所谈到的想法，应该适合于中国特色社会主义政治经济学研究。

二、中国特色社会主义政治经济学的理论来源

要搞清楚中国特色社会主义政治经济学的理论基准是什么，首先需要明确它的理论来源。根据中国社会主义革命和社会主义实践的发展，我们认为，中国特色社会主义政治经济学来源于马克思主义政治经济学。笔者在《论中国特色社会主义政治经济学的包容性》[①] 一文中，对中国特色社会主义政治经济学进行了四个层次的划分：第一层是政治经济学；第二层是马克思主义政治经济学；第三层是社会主义政治经济学；第四层是中国特色社会主义政治经济学。

为什么要在"中国特色社会主义政治经济学"中加进马克思主义政治经济学这个层次？根本原因在于社会主义政治经济学建立在马克思主义政治经济学基础上，是以马克思主义政治经济学基础理论、观点和方法为指导建立起来的。关于这个理论层次问题，我们也可以从习近平总书记主持召开的三次政治经济学会议上总结得出[②]。

首先中国特色社会主义政治经济学是政治经济学，政治经济学是研究一定社会中不同利益集团之间的物质利益关系及其变化规律的学科[③]。因此中国特色社会主义政治经济学就是研究在中国特色社会主义背景下不同利益集团之间的物质利益关系及其变化规律。

在政治经济学各学派发展中，不同的人或者不同的学派研究的出发点和哲学基础是不同的，对于物质利益关系如何形成、所在社会应该有怎样的物质利益关系、影响既定的物质利益关系的制度是如何发展的、是否还会发生变迁，各学派有不同见解，由于物质利益关系在不断演变中，因此各学派之间存在着较为严密的历史逻辑关系。

古典政治经济学是从重商学派政治经济学发展而来的。

15 世纪末由于地理大发现，商业资本得到迅速发展，导致社会分工的进一步扩大，从而促使商品交换进一步发展。

---

　　① 侯风云：《论中国特色社会主义政治经济学的包容性》，载《内蒙古社会科学》2018 年第 7 期。

　　② 2014 年 7 月 8 日，习近平总书记在主持召开经济形势专家座谈会时就强调，各级党委和政府要学好用好政治经济学，2015 年 11 月 23 日组织中央政治局集体学习马克思主义政治经济学基本原理和方法论，2015 年 12 月 21 日在中央经济工作会议上强调要坚持中国特色社会主义政治经济学重大原则。在这里，他首先强调了学好用好政治经济学，然后是强调马克思主义政治经济学基本原理和方法论，再然后是强调坚持中国特色社会主义政治经济学重大原则。这里的逻辑关系十分严谨，研究中国特色政治经济学需要引起重视。

　　③ 侯风云：《为什么用物质利益关系而不用生产关系——政治经济学研究对象的进一步讨论》，载《河北经贸大学学报》2017 年第 2 期。

在欧洲由于封建割据限制了商业资本的活动，威胁着商业交通的安全，因此商业资本家坚决支持国王加强力量，消除割据，建立强有力的中央集权国家，以保证他们在国内市场上畅行无阻，并通过强大的国家力量，帮助他们掠夺殖民地。

随着商业资本经营范围的扩大，对外贸易得到发展。在对外贸易过程中，不仅受到国外市场竞争的考验，而且更重要的是受到国外政府力量的阻挠，于是这些工商利益集团极力要求本国政府能够帮助其开辟国外市场。

在西欧各国与东方的贸易中，向外输出的黄金远远超过流入的黄金，大批黄金流出，造成西欧各国黄金缺乏。在当时，由于资本货币关系发达，贵族及王室需求日益多样化，而且国王为了维持庞大的军费开支，以及宫廷豪华生活的巨大开支，于是这些国家普遍有一种巨大的黄金渴望。15 世纪末、16 世纪初的地理大发现，便是在这种黄金追求中得以推进，并在此基础上，扩大了欧洲的世界市场，给欧洲商业扩张、航海业和工业的发展以空前的刺激。

在商业扩张过程中，有两大特别获利的利益集团即工、商利益集团和各国政府，尤其是商业资本和政府出于对财富的追求合作起来，通过各种手段实现财富的增进。或者如某些国家王室与海盗签约，共同在海上掠夺财富；或者在国家的参与下，对殖民地人民进行掠夺；或者通过国家力量帮助工商利益集团在国际市场上鸣锣开道。种种形式的政府参与及干预措施，使西欧各国积累了大量的货币资本，这进一步促进了资本主义生产方式的成长和确立。

为了扩大国外市场，增加更多的资本，欧洲各国国王和工商业资本结成联盟。

资产阶级为了维护自己的既得利益并拓展在国外的工商利益，在政治上推崇世俗权力和民族国家主义，抬高国家和法律的地位，在制度上强调中央集权和"强国家"主张。经济学为了迎合国王应付对内统治和对外征战的需要以及商业资本进行国际贸易以增加利润的需要，强调国家对经济特别是对贸易的干预，特别强调政府的作用，这便是重商学派的政治经济学。

在重商学派中，一方面强调政府对经济的作用，另一方面强调流通带来货币的增加即财富的增加。

在资产阶级上升为统治阶级后，其理论代表古典政治经济学则强调个体经济行为下的市场调节作用。

到了 18、19 世纪，西方主要国家的资产阶级政治体制建立起来，资产阶级政权得以稳固。后来随着生产力的进一步发展，机器化大工业生产逐渐取代小手工工业生产，产业资产阶级成为西方国家中的主导阶级，经济实力壮大，在国际市场中的竞争力日益增强，不再像重商时期需要政府加以保护并分享利益。这时工商业资产阶级要求更多的个人自由，特别是经济活动方面的自由。他们认为国家是个"不得不要的祸害"。因此这一时期的经济学研究以鼓吹自由经营、自由贸易、自由竞争为主题，认为国家应该是个人自由的保护者。

亚当·斯密在 1776 年出版的《国民财富的性质和原因的研究》（简称《国富论》）一书中对这种自由主义的经济思想第一次进行了全面而系统的阐述，其核心思想就是反对国家干预主义。他以自己的人性论作为经济学的基础，认为人的本性是利己，人皆有"交换倾向"，以利人之物来换取利己之物。满足人的"利己心"的途径是经济自由，即自由竞争、自由贸易、自由经营。如果每个人都想使自己的产品实现最大价值，则"利己"行为的结果是，通过对社会提供更好的产品，使社会的消费者有更好的产品可供消费，生产组织者即资本家可以获得最大利润。因此，国家应充当社会的"守夜人"角色，斯密的理论为资产阶级提供了适合他们要求的自由放任的意识形态，并为自由企业和政府自由放任的管理方式提供了理论支持。

古典政治经济学在研究个体经济人之间交换关系的基础上，讨论了不同的利益集团之间的利益关系如土地所有者、工业资本家、工人之间的利益关系，正因如此，古典经济学是典型的政治经济学。但古典政治经济学将形成这种利益关系的制度即资本主义制度当作一个永恒的制度，是由以往制度变迁而来，但到此为止不需要再进行变迁。

古典政治经济学在探讨财富增进时一方面强调政府较少的干预，强调市场调节，另一方面强调生产的作用，而且重点讨论了劳动的作用：威廉·配第在讨论商品价值时提到劳动时间，认为"土地是财富之母，劳动是财富之父"；亚当·斯密论证了劳动创造商品价值的理论，认为"劳动是衡量一切商品交换价值的真实尺度"[1] "如果体现在商品中的劳动量规定商品的交换价值，那么劳动量每有所增加，就一定会增加劳动商品的价值，劳动量每有所减少，其商品价值也必然减少"[2]；李嘉图接受并发展了斯密的生产中耗费的劳动决定价值的观点，并区分了价值和使用价值，认为价值是交换价值的基础，使用价值是交换价值的必要条件。商品通过两个用途而具有交换价值：一是它的稀缺性，二是获得它们所需要的劳动量。商品价值取决于生产所必需的劳动量，决定商品价值的劳动是社会必要劳动，尤其是对决定商品价值的劳动进行了复杂劳动和简单劳动的区分。古典政治经济学中包含着劳动价值学说，认为商品价值是由劳动创造出来。

但从 19 世纪中期以后，劳动价值论日益被舍弃，代之以形形色色的价值理论，包括生产要素共同创造"价值"的"三要素论"等。到了 19 世纪

---

① 亚当·斯密：《国民财富的性质及其原因的研究》上卷，（中译本）商务印书馆 1972 年版，第 25 页。

② 亚当·斯密：《国民财富的性质及其原因的研究》上卷，（中译本）商务印书馆 1972 年版，第 76 页。

末、20 世纪初，出现了以马歇尔为代表的新古典学派。新古典学派坚持古典学派的反对政府干预，坚持市场调节的主张，在边际效用理论和供求理论的基础上提出了均衡价格理论，完全摒弃了劳动价值论思想。

不仅如此，新古典经济学还抛弃了古典政治经济学阶级或利益集团的研究方法，发展出了一种个人主义的研究方法，这一研究完全以个体行为选择为基础，进一步推理个体经济人在利己假设、完全理性假设、完全信息假设的基础上，市场调节可以实现个人利益，而个人利益实现过程就可以使社会效率最大化。在新古典经济学的基础上形成了后来的微观经济学和宏观经济学以及西方现代经济学。

在古典政治经济学基础上发展的马克思主义政治经济学一方面继承了以利益集团或阶级的行为选择为基础[①]，研究利益集团（阶级）之间的利益关系，尤其是研究不同制度下不同阶级之间的利益关系；另一方面，在唯物辩证法方法论指导下，认为资本主义社会制度是人类社会发展的一个阶段。马克思主义政治经济学分析了资本主义不同阶级之间的利益关系以及这种关系带来的问题。论证了生产资料私有制的情况下，政府不能发挥作用，必然出现大规模经济危机，因此需要进行制度的变迁，因此马克思主义政治经济学研究了资本主义的利益关系是怎样的、合理与否、如何改变、向哪个方向改变、通过什么方式进行改变、改变的社会主体是谁，其研究路径和方法、结论与后来的新古典经济学及由此发展的西方现代经济学是完全不同的。其理论的基础是劳动创造价值，劳动创造剩余价值，资本积累是剩余价值的资本化，因此资本家的资本都是剩余价值转化而成，是资本家不付等价物而占有的工人的剩余劳动的结果。而且随着资本积累的增加和资本家之间竞争的加剧，信用制度的发展，资本日益集中，资本有机构成不断提高，财富的积累和贫困的积累不断增加，经济危机不断爆发，社会矛盾日益激化。

中国特色社会主义政治经济学是在马克思主义政治经济学基础上发展起来的。因为我国社会主义革命和建设是在马克思主义理论指导下进行的，毛主席就说："领导我们事业的核心力量是中国共产党，指导我们事业的理论基础是马克思列宁主义。"中国共产党结合国内国际发展实际，进一步发展了马克思主义政治经济学，可以说，中国特色社会主义政治经济学是在长期的革命、建设、改革过程中形成的。尤其是在中国社会主义市场经济体制改革过程中，对马克思主义政治经济学的一些理论进行了发展和创新。在这里，既需要市场运行中的微观主体塑造，同时必须以社会主义基本特征作为改革准则，一方面使中国特色社会主义制度下的各经济主体的利益都能够得到照顾，积极性得到发挥，另一方面又能够确保中国特色社会主义本质特

---

　　① 侯风云：《政治经济学的研究对象、学科性质及相关问题的思考》，载《经济理论与经济政策》2008 年第 1 期。

征。这个本质是要使社会上最大多数的人即劳动者的利益得到维护。

我们认为，中国特色社会主义政治经济学是在马克思主义政治经济学理论基准的前提下，加上相应的中国特色和市场经济特征。社会主义生产的目的是为了绝大多数人的日益增加的物质和文化需要，实质就是为了多数人的利益，这就是建立在马克思主义政治经济学立场观点基础上的社会主义政治经济学研究的出发点。因此马克思主义政治经济学基本理论应该是我们的理论基准。

三、现代西方经济学不能构成中国特色社会主义政治经济学的理论基准

现代西方经济学是建立在新古典经济学理论基础上的。新古典经济学以微观经济主体的个体行为研究为出发点，其目的是要增进个体利益最大化，这一研究构成今天微观经济学的基础。微观经济学主要不是讲"关系"，而是讲个体的人的经济行为。个体的人，就是厂商或消费者。

厂商组织生产时一定要将一定的资本分为两部分，一是生产资料，二是劳动力。在既有的资本数量下，如何进行分配才能够使成本最小利润最大？这就是厂商首先需要考虑的问题。厂商需要进行生产要素的配置从而实现既定资本下的利润最大化，进一步，如果资本规模过小，无论怎样配置，利润水平都难以提高，则厂商将开始扩大规模，从而经济学就要研究怎样的一个规模能够使成本最小而利润最大。在这里，厂商都是在自己的工厂里进行着经济学的成本与收益比较，成本是自己的成本，收益是自己的收益，与别人无关。

同样，微观经济学研究消费者效用问题，实质上就是讨论消费者在既定预算约束下如何配置自己的收入于不同的需要（微观经济学的一个基本认识是存在边际效用递减规律）上，才能使其效用最大化。

进一步的研究是，放大预算约束这个假设，消费者就要考虑自己如何能够有更多收入，从而增加自己的预算基础。于是又假定消费者之间是平等的，只要是参加劳动，就会有收入，且多劳多得，于是消费者开始考虑在既定的时间约束下，是多劳多得增加预算基础，从而增加对各种物品的需要，实现效用的增加，还是要多一些闲暇时间少一些工作时间，这样尽管收入会少些，但由于闲暇本身相比于劳动就是一种正效用，因此也是一种效用的增加。于是消费者在既定的时间约束下，开始进行闲暇与劳动的时间配置决策，是多劳动还是多闲暇，哪一种效用更大？不同的消费者由于其偏好不同，因而有不同的选择。

这种决策，是消费者自己的决策，其效用的多少完全取决自己的选择偏好和决策，与别人无关。

可见，微观经济学从个体的人出发去研究经济学，研究厂商的成本收益，研究消费者的收入与支出，不涉及人与人之间的关系。美国经济学家 J. 亨德逊强调：居民与厂商这种单个单位的最优化行为奠定了微观经济学的基础。微观经济学解决的问题是资源配置；资源配置对于厂商来讲，即生产什么、如何生产和为谁生产（满足的目标市场是谁）；对于消费者来讲，即消费什么、如何消费。最初的微观经济学还假定，决策者信息完全，大家都是理性经济人，厂商之间以及消费者之间不会相互影响，没有谁能够控制价格。这样微观经济学的中心理论便是价格理论。在既定价格约束下，厂商和消费者如何配置资源达到利润最大化和效用最大化。认为微观主体的效用最大化必然带来社会福利最大化。

因此我们认为，作为西方经济学基础的微观经济学是研究独立的、个体的人的经济行为的经济学。

将微观经济学进行学术追溯，实际上它就是早已被马克思批判为"庸俗"的资产阶级经济学[①]，经过 19 世纪 70 年代的边际革命，去除阶级利益关系分析，以方法论上的个人主义和主观感觉上的心理分析为基础，以"理性经济人"作为单个经济主体的行为假定，引入数理分析方法，分析行为主体的市场行为。

微观经济学的研究，摆脱价值判断，崇尚个体行为的实证分析，是一个形式化的公理体系，表面看似一种"硬科学"。而且为了显示学科的"科学性"，研究者们进行高度抽象，在极其严格的假设下使用数学工具，讨论行为主体个人的经济行为及其后果。

事实上，在社会中，独立的个人的经济行为几乎不存在，任何人的经济活动都与外界相关。除非是"孤岛上的鲁滨孙"，否则人们的经济活动都会受到其他人的影响，而且在不同的制度下往往会产生不同的行为。但是微观经济学为什么以研究个体的人为基础？这里一个基本的前提就是，生产的其他条件以及消费的其他条件都不需要考虑。尤其是生产需要的生产资料和劳动力的购买，生产出来的产品的销售，全都不成问题，只要生产出来，就能够卖出，为什么是这样？信息完全，完全理性。就是说新古典经济学的假设前提就是市场很顺畅，不会出现买不进来，卖不出去的问题，你只要想扩大规模，社会上就有现成的扩大规模的基础，也有为你的扩大生产规模而增加的产品的现成市场需要。

为什么新古典经济学有这样的假设？因为它是在古典经济学的基础上发展起来，而古典经济学最重要的特征就是论证纯粹的市场调节就能够使社会

---

① 如法国政治经济学的代表人物萨伊在其《政治经济学概论》中提出"三要素论"和"供给自动创造需求"的理论，马克思认为，这样的经济学家无视资本主义社会的矛盾，一心为资本进行辩护，缺乏科学性，因此称之为庸俗政治经济学。

资源达到最有效配置，不需要政府人为干预。亚当·斯密的"看不见的手"以及"供给能够自动创造需求"的"萨伊定律"，都为新古典经济学奠定了基础，因此继承古典经济学基本假设的新古典经济学就只是研究厂商个体的经济行为，研究消费者个体的经济行为。

事实上，只在经济人假设下，对个体人的经济行为的研究是严重脱离实际的。不论是厂商既定资本下的不同生产要素的配置决策，还是消费者进行既定时间约束下的劳动与闲暇选择，或者消费者既定收入下的不同物品或服务的选择，都离不开人与人之间的相互影响，尤其是离不开人与人之间的利益关系的安排。对于厂商而言，同量的资本，等量的分配于生产资料和劳动力，并进行生产，然后将产品卖出，从而收回货币。这是一个生产过程，下次过程的效率往往与这些货币在厂商与劳动者之间的分配直接相关，即使是再投入等量的生产资料和劳动力，但是如果厂商在上次生产过程结束后将全部赚取的剩余占为己有（或者拿出一部分与劳动者分享），而劳动者只得到很少一部分货币，甚至少到连自己的基本生活都不够，这样，在下一个生产过程中，劳动者的积极性就会受到极大挫伤。因此即使同样的生产要素投入，但由于在资本和劳动者之间的利益关系不同，而产生不同的效用。所以厂商要想实现自己的利润最大化，必须要考虑利益关系，这就是政治经济学要研究的内容，而这个内容在古典经济学中是大量存在的，但到了新古典经济学中则很少进行这样的分析。

如果说在微观经济学中还有一些利益关系的分析，那就是关于市场结构的研究，除了承认一个完全竞争的市场结构外（微观经济学研究就是建立在这样的基础上），经济学发展过程中不断增进了接近社会现实的不完全竞争的研究。经济学开始考察了其他的如垄断竞争的市场结构、寡头垄断市场结构、完全垄断的市场结构。在不同的市场结构中，厂商之间的利益关系是不同的。在完全竞争的市场结构里，没有一个厂商能够左右价格，大家公平竞争，因而形成了最有效率的市场结构，但是完全竞争的市场结构需要的条件相当苛刻。人们在经营过程中，即使是同一种产品，也会给产品打上不同标记，这样，完全竞争的市场条件就被打破，于是一些厂商在与其他厂商竞争中就会处于优势地位，而另一些厂商则由于生产率不高，管理不够好，产品特色不够鲜明而处于不利地位，同一种产品的竞争逐渐被局部的垄断所替代。

而且，马歇尔发现，在有些产业中，由于客观存在着规模经济的现象，但厂商规模扩大往往会引起垄断，而垄断相比竞争又带来效率的降低，因为在有垄断出现的情况下，垄断厂商由于其市场控制力而人为制造垄断高价和垄断低价，从而获得垄断利润，因此产生了是垄断好还是规模经济好、哪个更有效率的问题即人们常说的"马歇尔悖论"。

进一步讲，有些产品的生产，在一定时期和一定范围内，是完全垄断市场结构，这对于垄断厂商而言则获得绝对垄断利润。但对于消费者而言，则很不利，这里，虽然没有从人与人（厂商与厂商，厂商与消费者）之间的利益关系的角度进行分析，但是相关的研究涉及了不同利益集团之间的利益关系，而这些利益关系的合适与否，直接关系到整个社会福利的增进水平。因此微观经济学的某些关于不同经济主体之间相互利益关系的研究为政治经济学反垄断政策制订提供了依据，因此成为政治经济学的研究内容。

对于厂商也好，消费者也好，任何个体的利益得失，都取决于与之相关的其他主体的利益得失，如果某种消费品是在一个垄断厂商下生产，而该厂商由于其处于垄断地位，就可以定一个较高或很高的价格，于是对于必须消费该商品的消费者而言就要支出更大费用，从而在既定的预算约束下，就会更少地消费其他商品或服务，反之，若是要想获得同样的商品和服务，就必须多支出时间用于劳动从而减少闲暇的时间。

在这里，我们就看到，垄断厂商的行为影响了相关商品消费者的效用，从而影响了他们的物质利益。所以离开人与人之间物质利益关系的研究，是一种脱离实际的研究，其研究过程无论多么科学（现在都是用严密的数理推导以证明其科学性），都由于其脱离了人类客观现实，脱离了人的行为的社会性特征而不能成为真正科学，尽管专门对于个体经济主体的研究还能够获得诺贝尔经济学奖。[①]

讲到政治经济学就是要研究物质利益关系，谈到"关系"，一定不是指一个人或一个经济主体或一个利益集团的事，因为一个主体形成不了什么关系，一定是指两个经济主体之间或多个经济主体之间，只有这样才能够形成利益关系。而且我们讲的主体也不是指单个经济主体，而是指有相同利益取向的经济主体形成的利益集团。

既然新古典经济学本身就不是政治经济学，在其基础上发展起来的现代西方经济学也不是政治经济学，因此其基本理论不可能构成政治经济学的理论基准，就更不能构成马克思主义政治经济学的理论基准。连马克思主义政治经济学的理论基准都不是，就根本谈不上是中国特色社会主义政治经济学的理论基准。就是说中国特色社会主义政治经济学绝不能完全建立在自利经济人假设上的现代西方经济学基础上。

四、劳动价值论可以作为中国特色社会主义政治经济学的理论基准

我们认为，即使是马克思主义政治经济学，也不能等同于社会主义政治

---

① 2000 年诺贝尔经济奖得主赫克曼和麦克法登的贡献在于"个体经济计量学"的建立和发展，所以要对赫克曼和麦克法登的贡献有所了解，必须先对个体经济计量研究有一些认识。所谓个体经济计量学是指对家庭、厂商等经济个体的行为所进行的计量研究。

经济学，因为马克思主义政治经济学研究了人类社会不同历史阶段的阶级利益关系或者说不同阶级之间的物质利益关系（生产关系），[①] 重点研究了资本主义社会的不同利益集团或不同阶级之间的物质利益关系以及这种关系对于生产力发展的影响。通过这样的研究推断出社会主义经济制度产生的必然性，但由于马克思时代没有社会主义制度产生，因此他只对社会主义经济制度的物质利益关系进行过大致的或概括的叙述，而没有进行细致的研究，因此社会主义政治经济学是什么样子，这是马克思之后的事情。苏联和东欧的社会主义实践以及中国的社会主义实践都曾就社会主义经济制度下的物质利益关系或生产关系进行过研究，这里包括列宁、斯大林、毛泽东及其他社会主义国家的领导人的和理论家的探索。由于社会主义仍处在实践的过程中，因此社会主义经济制度到底是怎样的，其间的物质利益关系到底怎样才是合理的，人们直到今天仍在进行着不懈的探索，因此社会主义政治经济学的研究还在不断的探索中。因为任何制度都是根植于一定的社会之中，不同区域不同文化不同发展阶段，中国的社会主义与苏联的社会主义由于其建立基础、发展阶段、领导者的水平等不同，而体现出与苏联的社会主义并不完全相同的特征，因此虽然都是社会主义，但其物质利益关系也不尽相同，因此具有中国特色，所以叫作中国特色社会主义政治经济学。

不同的研究是否属于中国特色社会主义政治经济学？应该从上面四个层次上加以衡量。首先必须是政治经济学，然后是马克思主义政治经济学，再然后是社会主义政治经济学，最后是中国特色社会主义政治经济学。如果连政治经济学都不属于，那就更谈不上中国特色社会主义政治经济学了，如果连马克思主义经济学的理论都加以否定，那就根本不会承认社会主义经济制度产生的必然性，进而就根本不会深入系统地思考社会主义制度下政治经济学。由此，即使研究中国问题、中国制度，那也不能算是社会主义政治经济学。田教授也意识到了马克思主义政治经济学与中国特色社会主义制度的关系，认为"研究中国特色社会主义制度，马克思的政治经济学毫无疑问会发挥重要的指导作用"。

马克思主义政治经济学最基础的理论是劳动价值论，因此建立在马克思主义政治经济学基础上的中国特色社会主义政治经济学的理论基准应该是劳动价值论。

劳动价值论是马克思在分析商品生产和商品交换中发现的，是建立在马克思劳动二重性学说[②]基础上的。其基本要义就是商品的价值是由劳动创造的。进而在商品生产社会中，以价值表现的财富是由劳动创造的。

[①] 侯风云：《为什么用物质利益关系而不用生产关系——政治经济学研究对象的进一步讨论》，载《河北经贸大学学报》2017 年第 2 期。

[②] 马克思说："商品中包含的劳动的这种二重性是由我首先批判地证明了的。这一点是理解政治经济学的枢纽。"（《资本论》第一卷，人民出版社 1975 年版，第 55 页。）

为什么说价值是由劳动创造的？马克思创立的劳动二重性学说给出了逻辑性极强的证明。通过具体劳动转移生产资料的旧价值，通过抽象劳动形成商品的新价值，二者共同构成商品的价值。旧价值看似是生产资料价值的转移，但从连贯的生产过程看都是由劳动创造出来，因为生产资料的价值是将生产资料作为产品时的生产过程中的劳动创造新价值和转移旧价值的总和。

坚持劳动价值论，才能认识到广大劳动者是价值的创造者，是财富的创造者，因此，劳动者应该是财富，尤其是生产资料的主人。在这个理论基准之上，社会主义政治经济学理论强调生产资料归社会所有，实现生产资料的公有制才有科学依据。既然生产资料归社会所有，因此任何个人不能凭借自己拥有的生产资料获得个人消费品，只能够凭借劳动获得个人消费品。由于生产资料不再是私人所有，而是归政府支配，国家可以根据社会生产和消费的需要对各种产品的生产进行计划，从而克服私有制下的生产盲目性。

因此，劳动价值论体现了社会主义基本原则。坚持劳动价值论的理论基准，就是坚持生产资料的社会主义公有制和分配领域的按劳分配的主体地位。而且由于实现了生产资料的社会主义公有制，整个社会生产的目的不再是为了生产资料所有者个人或家庭的个人财富的积累，而是为了整个社会人民日益增长的物质和文化生活的需要，因此不再是个人本位而是社会本位，人民至上，广大劳动人民当家做主。劳动成果为了供劳动人民消费，而不是成为奴役人民的工具。用社会主义政治经济学理论对改革进行指导就必须以劳动价值论为理论基准。依此基准，在调整利益关系时，就需要坚持社会财富由劳动创造的原则，广大劳动者应该拥有财富或生产资料，而如果是少数不劳动者拥有生产资料，并依此占有更多的财富，就不能算是社会主义。因此劳动成果必须由大多数人分享而不是为少数人占有；在生产过程中人与人之间不应该存在过大的利益差距，从而不存在社会地位的极大不平等现象。

但由于在中国社会主义初级阶段，情况十分复杂[①]，因此单一的社会主义公有制和按劳分配对于效率提高确实有一定影响。因此，我们在建设社会主义的过程中开始了社会主义市场经济体制的改革。但在马克思主义理论指导下，改革需要坚持社会主义政治经济学的相关原则，否则改革就可能使社会主义经济制度变质，就会使中国走向资本主义。邓小平曾提道："如果我们的政策导致两极分化，我们就失败了；如果产生了什么新的资产阶级，那我们就真是走了邪路了。"[②] 为什么是邪路？邓小平说："如果走资本主义道

---

① 在生产力水平较低的情况下建设社会主义，实践证明只是依靠政治思想教育让人们进行社会主义合作生产，彼此不考虑个人私利，只考虑集体利益和国家利益，甚至是人类利益是有一定困难的。而且即使人们的道德水平高，合作意识强，但由于社会生产和消费千变万化，政府计划指导往往在技术上较难做到与变化了的事实相适应，从而形成一定的工作失误，在一定程度上出现计划不经济的现象。

② 邓小平：《一靠理想二靠纪律才能团结起来》，载《邓小平文选》第三卷，第111页。

路，可以使中国百分之几的人富裕起来，但是绝对解决不了百分之九十的人生活富裕问题。"[①] 这样的路与中国共产党当初革命道路是完全不一致的，违背共产党的初心，当然是邪路。

中国特色社会主义政治经济学是在坚持马克思主义政治经济学的立场、观点和方法基础上的发展，这种发展突出体现在引入社会主义市场经济体制。这就需要在基本准则之上，加入相关的一系列变量进行拓展。

建立在完全劳动价值论基础上的社会主义生产资料单一公有制结构则可能不存在生产资料私有制的问题，因而便是单纯的按劳分配。但在社会主义市场经济体制改革过程中，允许多种所有制并存，于是形成不同的市场主体，并且各市场主体在利益驱动下积极性得到发挥，于是就有按生产要素进行分配的方式与按劳分配并列。中国特色社会主义经济制度下的利益关系与马克思主义政治经济学基础上设计的一般社会主义利益关系有一定差距，但应该明确按劳动分配仍然是主要的分配方式。即使是在生产资料私有的企业中，对于其分配关系即利益关系也应该有所规定，即按劳分配与按要素分配应该在一定程度上符合马克思主义政治经济学的基本要求[②]。

中国特色社会主义政治经济学对生产资料所有制、分配制度、政府作用方式和程度、社会行为规范，包括国际范围内不同区域、不同国家之间利益关系调整等研究都必须在坚持一般意义社会主义政治经济学原则基础上有所发展，这是马克思主义的唯物辩证法所要求的。

具体而言，中国特色社会主义政治经济学需要讲清楚我们为什么要在原来的传统计划体制下搞市场经济体制。既然搞市场经济体制，就必须创造新的市场经济主体，没有市场主体，怎么搞市场经济？市场机制如何发挥？在经济体制转轨过程中，需要对社会主义市场体制改革进行探索，这一过程实质就是在马克思主义基本立场观点和方法指导下正确形成市场主体的过程。

马克思主义政治经济学研究的是不同阶级之间的利益关系及其变化规律。在社会主义政治经济学中，由于消灭了剥削制度，因此一般不再使用阶级分析方法，而是假设各个不同阶级都是劳动者阶级（地主、资产阶级或被消灭或被改造），因此通常假设社会成员根本利益是一致的。这样在国家的统一管理下实现生产的发展和全体人民利益的均衡增长。因此社会主义政治经济学不再强调阶级分析的方法。

在中国特色社会主义政治经济学中，虽然不再强调阶级之间的对立，但由于改革产生了不同的利益主体，人与人之间产生了市场交换关系，改革过程中出现了不同的所有制成分，从而出现了不同的经济主体，在不同的领域中出现了不同的利益集团，因此不同的利益集团之间的利益关系合理与否便

---

① 邓小平：《建设有中国特色的社会主义》，载《邓小平文选》第三卷，第64页。
② 侯风云：《中国特色社会主义与民营资本》，载《理论学习》2016年第7期。

成为中国特色社会主义政治经济学分析的重要内容。因此目前的中国特色社会主义政治经济学应该从各市场主体形成过程中，分析各种不同的利益集团是如何形成的，不同的利益集团之间的利益关系是怎样的，将会向哪个方向发展，改革过程中是否形成少数利益集团占有或侵吞国家利益或人民利益，是否使多数人的利益受到损失，或少数人占有发展成果而多数人不能分享发展的成果。

在马克思主义政治经济学基础上形成的社会主义政治经济学，进一步结合中国实际和社会主义实践的发展，需要深入研究中国特色的不同经济主体或者不同利益集团之间的利益关系。分析各种经济主体或利益集团的形成和演变过程，各个利益集团之间的利益状况如何，是否符合马克思主义政治经济学要求的利益格局，即是否有利于最广大劳动人民的利益要求。如果不符合，总的政策以及个别政策应该如何调整，为了保证有利于劳动工农大众利益，应该有怎样的政治制度建设等，这些都是中国特色社会主义政治经济学应该研究的问题。

这样的符合社会主义基本原则的利益关系，不可能建立在西方经济学的利己经济人假设基础上，因此在新古典政治经济学基础上发展起来的现代西方经济学理论不可能成为中国特色社会主义政治经济学的理论基准。我们认为，在社会主义经济体制中即使引入市场经济体制，也应该以马克思主义政治经济学最基础的理论劳动价值论为基准理论。

在市场经济体制实施过程中，正视各经济主体差异性的存在，一些管理不能只是依靠人的自觉性，或者通过政治思想教育，也需要通过物质激励，因此微观经济学及其发展的现代西方经济学理论也可以纳入我们的相关学科研究中并成为其学科基础，但这不一定是政治经济学，而是管理学。如厂商理论的分析、委托代理理论、企业理论、博弈论便可以构成企业管理的经济学基础和方法选择，消费者效用理论以及劳动选择理论等，在市场经济运行的社会中，既可以是微观管理需要掌握的内容，也可以是宏观经济分析需要考虑的内容。就如田国强教授所说："那些基础性的原创性的具有共性的经济学理论和共性的研究和创新是没有国界的，具有一般性，比如说消费者理论、一般均衡理论、厂商理论等等，包括一些方法论，博弈论，信息经济学，机制设计理论，委托理论，拍卖理论，匹配理论等等，各个国家都可以用。"

当然无论是微观管理还是宏观管理，还需要进行思想文化层面的教育，如果只是强调经济人的人性假设而不重视思想引导和文化引导，在极端自利假设下的管理，无论制度设计多么严密，都可能产生机会主义行为，从而会影响效率的提高。

参 考 文 献

［1］侯风云：《论中国特色社会主义政治经济学的包容性》，载《内蒙古社会科学》

2018 年第 7 期。

　　［2］侯风云：《为什么用物质利益关系而不用生产关系——政治经济学研究对象的进一步讨论》，载《河北经贸大学学报》2017 年第 2 期。

　　［3］亚当·斯密：《国民财富的性质及其原因的研究》上卷，（中译本）商务印书馆 1972 年版，第 25 页。

　　［4］亚当·斯密：《国民财富的性质及其原因的研究》上卷，（中译本）商务印书馆 1972 年版，第 76 页。

　　［5］侯风云：《政治经济学的研究对象，学科性质及相关问题的思考》，载《经济理论与经济政策》2008 年第 1 期。

　　［6］侯风云：《为什么用物质利益关系而不用生产关系——政治经济学研究对象的进一步讨论》，载《河北经贸大学学报》2017 年第 2 期。

　　［7］马克思：《资本论》第一卷，人民出版社 1975 年版，第 55 页。

　　［8］邓小平：《一靠理想二靠纪律才能团结起来》，引自《邓小平文选》第三卷，第 111 页。

　　［9］邓小平：《建设有中国特色的社会主义》，引自《邓小平文选》第三卷，第 64 页。

　　［10］侯风云：《中国特色社会主义与民营资本》，载《理论学习》2016 年第 7 期。

A Discussion on the Theoretical Basis of Socialist Political Economics with Chinese Characteristics

Hou Fengyun

（Shandong University， Jinan， 250010）

Abstract：This article discusses the theoretical basis of socialist political economics with Chinese characteristics proposed by Professor Guoqiang Tian from Shanghai University of Finance and Economics. The article begins with the development of political economy and shows that the theoretical source of socialist political economy with Chinese characteristics is Marxist political economics； it analyzes the non-political economy character of neo-classical economics and modern western economics. It is believed that modern western economics can neither constitute the theoretical basis of Marxist political economics， nor can it constitute the theoretical basis of socialist political economics with Chinese characteristics； the article discusses the significance of labor theory of value as the basis of Marxist political economics when we construct the socialist political economics and political economics with Chinese characteristics.

Keywords：Political Economy　Neoclassical Economics　Modern Western Economics　Marxist Political Economics　Socialist Political Economics　Socialist Political Economics with Chinese Characteristics

人口规模优势和社会主义制度优势：
中国经济发展的稳固支撑[*]

王今朝　黄　俊[**]

（武汉大学经济发展研究中心，武汉　430000）

【摘要】经济发展的根本决定因素不是资本积累，也不是技术进步，而是人。中国人口规模世界第一，中国社会主义制度是今天世界最大国土和最大人口基础上的实践。它们之间的独立和交叉作用于中国的价值创造远远超越他国。这既是中国经济发展的根本经验，又是中国未来经济发展的稳固支撑。这是其他国家所无法比拟、无法复制的支撑中国经济发展的根本优势。

【关键词】人口规模　社会主义　中国　经济发展

一、世界经济发展博弈

欧美享受工业革命、科技革命率先进入高生产力社会形态之后，其精英阶层、统治阶级中逐渐形成欧美中心主义、欧美优越心态。在这种心态支配下，当欧美看到中国香港、中国台湾、新加坡和韩国从 20 世纪 60 年代开始以劳动密集型加工产业为基础，以出口为导向，在 20 世纪 80 年代末成为世界发达富裕地区时，他们不禁感到震惊，称之为"新兴工业经济体"（Newly Industrial Economics），也就是"亚洲四小龙"。这种称呼反映了欧美精英和统治阶层普遍感到的这种震惊。同时期，日本也实现了快速的经济发展，并且被认为更依赖于效率的增长。然而，欧美精英和统治阶层中的一些人仔细思考后发现，不仅"亚洲四小龙"其实难称经济奇迹（Young，1995），就是日本也在 1991 年后陷入长期经济增长停滞（Krugman，1995）。又经过 20 年的发展，现在，"亚洲四小龙"和日本的经济依然不错，但已经不再被视为经济奇迹了。

---

* 本文写作得到 2015 年中国教育部人文社会科学重点研究基地重大项目"中国经济发展道路与发展经济学理论创新研究"（项目号：15JJD790024）和 2012 年国家社会科学基金项目"中国经济发展道路的独特竞争优势研究"（项目号：12BJL009）的支持。

** 王今朝，1972 年 7 月出生，男，汉族，河北新乐人，武汉大学经济发展研究中心和经济学系教授、博导。主要研究中国经济发展模式、经济学基本理论和方法论；通信地址：武汉大学经济发展研究中心；邮编：430072；电话：13006380980；黄俊，武汉大学经济学系硕士生。

　　欧美精英和统治阶层并没有因为东亚四小龙和日本的经济趋缓稍感安宁。因为在全面围堵之下，中国经济已经从 20 世纪 50 年代的世界第九升至世界第二甚至第一。而美国的国内生产总值（GDP）在全球 GDP 中所占份额从第二次世界大战中的 50%，下降至越南战争之后的 25%，截至 2018 年又下降至 23%。遥想当年苏联经济的快速发展引起西方展开主要针对苏联的冷战，最终导致苏联在 1989 年解体。那么，当中国成为世界瞩目的焦点后，中国经济是否能够持续发展，避免苏联解体覆辙，避免"亚洲四小龙"和日本的经济发展的停滞呢？本文的回答是肯定的。原因是，当我们跳出西方增长理论的束缚，基于对经济发展本质的认识，就会观察到中国经济发展有着其他国家所不可比拟的人口规模优势和社会主义制度优势。

二、人口规模对中国经济发展的支撑

　　经过近 70 年的发展，中国经济早就跳出人口规模过大导致贫困恶性循环的经济规律的支配（马尔萨斯人口论的荒谬性）。中国人口密度虽然低于日本，但中国国土所支撑的世界第一人口规模为中国经济超越世界所有其他国家提供了最坚实的物质基础。[①]

　　根据马克思的劳动价值论，一个国家的劳动者所创造的价值（V）可以写成如下形式：

$$V = f(AL, \ QL) \tag{1}$$

　　在公式（1）中，f 表示从 AL、QL 到 V 的映射，反映一个怎样的劳动力数量（AL）和质量（QL）创造出了怎样的价值量 V。公式（1）表明，正如一场战争的胜利与否取决于将士的数量以及将士是否用命一样，一国价值创造取决于劳动力的数量和质量。很显然，当 f 变动时，同样数量和质量的劳动力将创造出不同数量的价值量来。

　　与世界所有国家相比，中国已经在 AL 上取得相对世界所有国家的优势。其实，正是这种优势极大支撑了中国经济在 1949 年后的 60 年里取得了快速的发展。

　　第一，与历史上许多人口小国受制于资源的有限性而不得不选择有限目标不同，人口大国即使这个国家处于经济发展的初期阶段，在资本、技术、

---

　　① 人口规模优势不是人口红利。用于中国的人口红利概念是极端错误的。红利（dividend）一词是西方、西化概念。它本来是指因持有股票而得到分红。西方学者把红利与人口结合形成的人口红利概念一般是指一个人群无偿占有另一个（更大）人群的劳动成果。比如，美国独立战争前美国南方奴隶主享有其奴隶的人口红利，奴隶数量越多，奴隶主的奴隶人口红利就越大。又如，英国对印度殖民，也使英国统治者享受了巨大的印度人口红利。如果说中国享受了自己的人口红利，这是既不了解西方学术渊源，又不了解红利本身含义，更是做荒谬性引申，它掩盖了中国极少数人和外国企业对中国人口规模的市场价值的榨取。

社会基础设施等方面依然落后，也可以更为容易地拥有资本积累、军事支出等所需要的储蓄。假设每个劳动者每年所创造的剩余价值为 sv，劳动者总数量为 L，这个社会每年所创造的剩余即为 sv×L。图 1 显示了中国由于人口规模而在诸多消费领域的增长效应。该图表明，人口大国可以动用的用于国际竞争（包括捍卫自己的领土完整、在世界范围内获得资源用于国内的发展、研发）的资源远远超过人口小国所能动用的资源的上界。

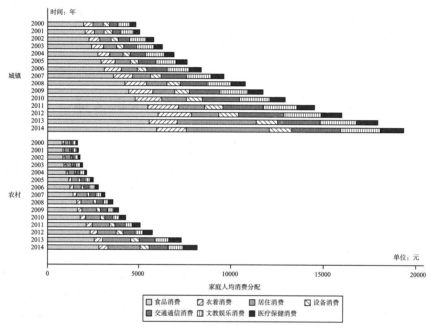

图1　中国城镇、农村人均消费的增长

第二，人口大国一旦开始发展，就可以实现快速发展。他的人力、物力和财力使得它能够在更为广阔的领域展开研发，而限于人力、物力和财力的小国只能动用极有限的资金、人力从事极少的研发项目，并在此基础上选择专业化生产的模式。[①] 而且，其专业化生产也无法便利地享受到大国所能享受的规模经济的利益，即使出口能够扩大规模，也不无成本（显示东南亚四小龙经验不可能值得中国借鉴）。大国则不受这种经济发展模式的限制，在人均 GDP 很低的情况下，GDP 总量的增加也使得这个国家拥有巨大的优势。美国在赶超英国的过程中，也是先在 GDP 总量上超过英国，然后在人均 GDP 上超越英国。人口大国具有更大的研发成功可能性，他可以弥补其他方面的劣势，从而使一个国家的经济发展道路表现出优势。比如，最近，就有

---

① 比较优势理论主张专业化生产模式，但实际上，专业化生产主要适用于小国，而且不一定符合比较优势。

证据表明，中国在研发领域开始占据世界领先地位。2012 年，作为世界最大的机器工具消费国，中国的机器工具消费是美国的 4 倍；同时，中国所生产出的机器工具是美国的 5 倍（Tassey，2014）。

第三，人口大国可以建立起独立自主工业体系的优势是人口小国无法享有的。一旦建立起自己独立自主的工业体系，他就可以最大限度地限制发达国家的市场力量，由此享有巨大的优势。优势之一就是，他将使得其他国家的企业的市场空间和利润空间大大压缩。而且，第一、第二种优势大大加大，形成正向的循环累积因果关系。这三种优势让人口大国在国际范围内获得巨大的政治经济优势，并且这种政治经济优势还可能随其优势的改进而增大。

三、社会主义制度对中国经济发展的支撑

在基本公式（1）中，似乎社会主义制度并没有发挥作用。其实不然。劳动力质量（QL）与劳动力数量（AL）是一个客体的两个方面。有些国家人口规模也足够大，发展时间与中国一样长，为什么其劳动力却没有表现出与中国可比的质量呢？这只有从社会制度的差异去寻找原因。

第一，图 1 所展示的人口规模向市场规模的转化只能在社会主义制度条件下实现。设想，如果中国在 1949～1976 年这段时期选择了资本主义的生产方式，那么，中国将有少数人，只占据总人口的 5%、10%，却占据 1/3 的 GDP，而社会的 95% 或 90% 的人口只享有 2/3 的 GDP。这样来看，前一部分人的平均收入就是后一部分人的平均收入的 9.5 倍。如果考虑前一部分人的收入也是高度不平等的，后一部分人的收入也是高度分化的，最高收入的 1% 的人就可能是最低收入的 5% 的人的收入的 1 万倍。不同收入的人、收入悬殊的人，同处于一个国家的屋檐下，既在许多方面面临着同样的生活需要，比如，同样需要住房，同样需要饮食，但也必然在许多方面面临不同的生活需要了。社会分裂的巨大的经济不平等、政治不平等，就这样产生了，而这种社会必然出现的经济危机。资本主义尝试了许多办法来度过经济危机。在大萧条时期，他们采取了把产品白白地处理掉、把产品倾销到海外、关闭生产线的办法。在 20 世纪 60 年代，他们采用了政府刺激的办法。在资本主义制度限度内，这些办法可以解决不太严重的经济危机。中国采用这种办法与采用社会主义的办法孰优孰劣呢？答案不言而喻。

第二，社会主义国家具有集中力量办大事的优势。经济发展其实就是一个"你有的我要有，你没有的我也要有"的创新过程。许多国家之所以没有实现经济发展，就是因为低估了经济发展的难度。西方人不希望中国这样的国家取得关键产品、关键技术上的突破，更不希望中国这样的国家在最短时间里一次又一次地不断取得关键产品、关键技术上的突破。而关键产品、关

键技术的突破又受制于一个国家的科研能力、生产能力、组织能力。[1] 只有社会主义制度才能打破一个经济落后国家内部的阻碍科研能力、生产能力、组织能力提升到经济发展临界点之上的社会结构（如剥削阶级的过度消费、统治阶层一些成员的奢侈浪费和官僚主义以及论资排辈、因循守旧等），只有社会主义制度才能防止经济落后国家在取得政治独立后寻求经济发展时陷入经济的对外依附，避免经济发展成就为他国做嫁衣裳，也只有社会主义制度，才能充分调动一切可能调动的发展经济的积极性，实现经济的快速发展。

只有依靠社会主义制度，取得关键产品、关键技术上的突破，一个国家的产品种类在越短的时间里才能得到越快的丰富，产品质量在越短的时间里才能得到越快的提高，其经济发展才能又快又好。也正是在这个过程中，从整体上看，劳动力大军发挥出高度的主观能动性，并在发挥高度的主观能动性的过程中既创造了价值，又实现了价值。这样的劳动力在劳动力大军中所占比例越高，经济发展的速度和质量就越高。站在历史的高度，中国工业化过程就证明了这个经济学原理。在三年经济恢复的基础上，中国利用社会主义优越性，制定"一五"计划，集中主要力量建设苏联帮助设计的约 156 个工业企业。一五计划奠定了中国社会主义工业化的物质基础，培养了经济管理干部、企业人才、技术人才、中国熟练工人。一五计划的实施，还改变了中国工业布局的不合理状况，使内地与沿海得到了协调发展、资源得到了更有效利用。这些项目的建成和投产，使我国建立了较为完备的国防工业体系，同时也为我国以后发展核工业、电子工业、航空航天工业奠定了良好的工业基础。

第三，社会主义还允许价格比在资本主义条件下随着价值下降而更快下降。[2] 可以说，在国内的市场扩展中和在国际的竞争中，价值下降越快的国家经济发展就越快。比如，在西方，福特引入生产线就大大提高了劳动生产率，从而降低了产品价格，引起了汽车的普及。洛克菲勒以垄断性的生产为石油市场的标准化和成本降低提供了规模基础。产品价格的降低为市场的扩大（可能表现在夺取它国企业所占据的市场）提供了基础。这种机制似乎比杨（Young，1928）所强调的分工依赖于市场的机制更为有效。[3] 然而，在资本主义条件下，企业的私人利润本身就形成产品成本的一个刚性条件，他使得企业，特别是垄断企业的产品价格无法随着价值下降而尽可能大和尽可能快地下降。对于经济落后国家而言，如果采用资本主义制度，私人企业由

---

① 中国曾经出现的鞍钢宪法其实代表了世界最先进的管理模式。

② 价值与市场价格之间不存在一个恒定的数量关系。

③ 当然，产品价格下降形成优势是以新产品的种类的扩展为前提的。如果没有新产品，也就没有新产品的价格下降所产生的优势了。传统产品的价格下降反映的往往不是优势，而可能是恶性竞争下的产业凋敝、贸易条件恶化。

于积累的需要，在价格下降方面更是困难。[①] 结果，社会主义国家在与国外竞争方面处于极其被动的地位。

第四，在社会主义社会，劳动力质量的提高还意味着经济发展目的的更好实现。社会主义企业的生产目的不是私人利润，因此，它意味着环境和资源代价高的产品、产业将可能会迅速被取代，从而最大限度地限制经济的畸形、恶性发展。这就使得提高生产率不是唯生产力论、唯 GDP 论，从而保证经济发展道路与发展目的的多维性相一致。比如，社会更多发展公共交通工具，而人们也更多地采用公共交通而非私人交通工具。这或许将会降低一些产业的 GDP 乃至总 GDP，但也应该被认为是值得的。[②] 特别是，社会主义制度为人的价值的实现、体现提供了最重要的制度保证，这反过来又成为经济发展的优势。早在 1949～1976 年，中国就世界上最大限度地实现了人均寿命提高。图 2 表明，1949 年时，中国人口的预期寿命为 35 岁，世界平均水平是 47 岁（1840 年之后 100 多年间中国人均寿命始终远远落后于世界平均水平）。1957 年，中国人均寿命已经延长到 57 岁，到 1980 年人均寿命

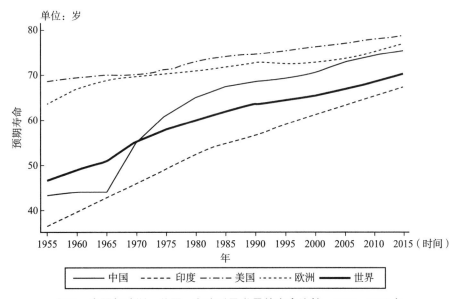

图 2 中国与欧洲、美国、印度以及世界的寿命比较：1950～2020 年

资料来源：Life Expectancy at Birth（e0）– Both Sexes，见 http://esa. un. org/unpd/wpp/Excel – Data/mortality. htm。该图首次出现在王今朝、龙斧：《基于逻辑和历史反证法的企业效率效益比较分析与衡量——二评"国有企业效率效益必然低下"》，载《河北经贸大学学报》2014 年第 5 期，第 33～40 页。本文使用时做了一些修改。

[①] 本来，价格下降可以扩大市场，但这种经济机会没有那种官商勾结所产生的利润大。中国房地产价格的高涨就是这种原理的证明。

[②] 大量使用汽车不能被认为是现代化文明的唯一或必要特征。

67.77 岁，而世界人均寿命 56 岁。1950～1980 年期间，世界人均寿命提高了 29.9%，中国人均寿命提高了 88.9%。这种人均寿命的提高保证了经济发展所需要的劳动力数量和质量，也为教育体系的效率提供了基础。①

四、结　　论

世界经济发展是大国之间的博弈，而不是简单的资本积累、技术进步。资本积累、技术进步只是经济发展的伴生现象、表面现象，人的因素（数量、质量和人与人之间的关系）才是经济发展的本质决定因素。分析一国的经济发展不是靠西方的增长理论，而是应该着眼于人。只有基于这个观点，才能理解为什么中国共产党在短短的 28 年中（1921～1949 年）就取得革命的胜利，一举扭转民族百年落后和挨打的命运，也才能理解新中国成立后 30 年所取得的经济发展成就的独特性和坚实性，也才能不为四小龙和日本的经验浮云遮住望眼。② 也只有基于这个观点，也才能摆脱西方理论的桎梏，看到中国因人口规模和社会主义制度两大因素所形成的交叉、协同效应对于中国未来经济发展所提供的巨大的稳固的支撑。中国由于人口规模和社会主义制度这两大因素为他国不可比拟、不可复制，也因此，尽管中国人均 GDP 还较低，经济发展面临这样那样的问题，但在经济发展的博弈场上，无疑将是东风压倒西风。

参 考 文 献

［1］罗德里克·麦克法夸尔、费正清著，谢亮生等译：《剑桥中华人民共和国史：1949～1965》，上海人民出版社 1990 年版。

［2］王今朝、龙斧：《马克思价值决定价格理论的数理阐释》，载《马克思主义研究》2012 年第 11 期。

［3］王今朝、许晨：《中国“鞍钢宪法”相对西方、苏联科层式管理的效率》，武汉大学经济发展研究中心工作论文，2016 年。

［4］Krugman, P. The Myth of Asia's Miracle, *Foreign Affairs 73* 1994（6）.

［5］Tassey, G. Competing in Advanced Manufacturing：The Need for Improved Growth Models and Policies, *The Journal of Economic Perspectives* 2014（28）.

［6］Young, A. The Tyranny of Numbers：Confronting the Statistical Realities of the East Asian Growth Experience, *The Quarterly Journal of Economics* 1995（3）.

［7］Young, A. A. Increasing Returns and Economic Progress, *Economic Journal* 1928（38）.

---

① 学龄儿童的入学率同期从 25% 增至 50%。

② 人口规模和社会主义制度的交叉还能产生很多效应，如最快速的技术扩散、最大可能的国际合作等。本文限于篇幅没有讨论更多。

The Advantage of Population Size and the Advantages of Socialist System: The Solid Support of China's Economic Development

Wang Jinzhao　Huang Jun

(Economic Development Research Center of
Wuhan University, WuHan, 430000)

Abstract: The fundamental determinant of economic development is not capital accumulation, nor technological progress, but people. China's population is the largest in the world, and the Chinese socialist system is the practice based on the largest population in the world today. The independence and cross-effect between them China's value creation far exceeds other countries. This is both a fundamental experience of China's economic development and a solid support for China's future economic development. This is the fundamental advantage that other countries cannot match and cannot replicate to support China's economic development.

Keywords: Population size　Socialism　China　Economic development

新时代中国特色社会主义乡村建设思想[*]

仇佳慧　崔宝敏[**]

（山东财经大学，济南　250014）

【摘要】 近年来，生态文明建设不断推进，作为改革发展重点的乡村建设自然受到广泛的关注，十九大对生态乡村建设提出了更高的要求。乡村建设思想作为指导城乡问题的向导，在区域协调中发挥着重要的作用。近现代以来，乡村建设思想不断推进演变，20世纪二三十年代乡村建设运动的兴起使得乡村建设派成为比较有影响力的一个思想派别，在梁漱溟等人的理论研究中不断发展壮大，之后对乡村建设思想的探索不断更新补充，乡村建设思想对国家经济建设的指导作用在各项政策的实施中均有体现。乡村建设的模式从最初的农业支持工业发展，到城乡二元结构，城乡协调发展，一直到现在的乡村振兴，乡村建设的积极主动性不断增强。在新时代中国特色社会主义的背景之下，乡村建设新思想符合新的时代要求，以共同富裕为任务目标，走乡村振兴之路，推进农村经济的发展，解放生产力，一系列相关政策的积极实践使得经济发展取得重大成果，是实现乡村振兴战略的重要举措。

【关键词】 新时代中国特色社会主义　乡村建设思想　城乡发展　政策导向

一、引　　言

党的十九大报告提出，乡村振兴战略的实施，要走生态文明建设的道路，坚持农业农村优先发展，加快农村建设，实现农业现代化。乡村建设作为经济建设的重要组成部分，已经成为现阶段经济发展的重点。进入21世纪以来，经济快速发展，生活水平不断提高，可持续发展的观念深入人心，2005年中央提出社会主义新农村建设的20字方针，即"生产发展、生活宽裕、乡风文明、村容整洁、管理民主"，将农村建设引导向现代文明的道路发展，无论是生产、生活都提出了符合社会主义发展规律的新方式，对于农村的管理也更加符合农村现代化模式，自此乡村建设进入新阶段。2013年中央"一号文件"提出"美丽乡村建设"的新概念，对农村经济的发展有了

---

[*] 基金项目：山东省社科规划专项"新时代山东乡村振兴建设的模式与启示"（项目编号：18CDSJ09）。

[**] 仇佳慧（1996～），山东财经大学经济学院政治经济学研究生；崔宝敏（1982～），山东财经大学经济学院副教授，研究方向：农村经济发展，政治经济学。

更深刻的认识，各地方积极配合响应，在全国开展美丽乡村建设的行动，在一些试点地区取得了丰硕的成果，不少新"美丽乡村"出现在大众面前，成为新乡村经济发展的成功模式。近几年，中央和地方政府更是加强乡村建设，强调走生态文明发展道路，乡村振兴战略的实施推动乡村建设不断深入发展，乡村建设适应新时代满足人民日益增长的美好生活需要的社会主要矛盾，习近平总书记对于乡村建设思想的把握以及相关政策措施都引导着乡村建设走向更有意义的道路，乡村建设的思想也一直渗透到党中央和地方的政策文件的实施之中，一直致力于人民共同富裕总目标的实现。

农村问题是建设发展的重要内容，美丽乡村建设一直以来都受到高度重视。在近几年的发展中，乡村建设成为了解决城乡问题的关键，不仅是提高农民生活水平、促进农村经济发展的重要途径，还是城乡之间缩小收入差距、实现经济繁荣的关键环节。在现今经济结构升级的关键时期，经济进入平稳增长阶段，个别发展问题遇到了瓶颈，尤其对于相对贫困地区的建设，一直是制约经济进一步发展的影响因素，而突破乡村建设中的问题也就成了发展中的重点。虽然乡村建设近几年才提及较多，但是经济发展中乡村建设体系一直存在，进入新时代以来，中国特色社会主义乡村建设思想一直指导"三农问题"，指引农村经济不断发展。乡村建设取得的巨大成果有目共睹，在重要领域和关键环节推动着经济不断发展，这也得益于乡村建设思想的不断调整和应用，因地制宜发展产业，逐渐关注文化和生态建设，注重管理效率的提升，促进产业经济结构升级，促进城乡公平发展和收入差距缩小，成功的经验使得乡村发展水平不断提高，效率和公平同时协调兼顾，推动建成全面小康社会的顺利进行。因此，乡村建设思想意义重大，是乡村发展的重要指导思想。

二、文 献 综 述

对于乡村建设思想的研究，在以往的文献中多是针对某个特定的环境或者特殊历史时期，以梁漱溟为代表的乡村建设派最为典型，改革开放以来中国特色社会主义的积极探索，使国内的乡村建设体系不断补充发展，适应新时代的要求，推动城乡经济协调发展。在国外，乡村建设思想也是备受关注，一些国家乡村建设的成功案例更是为各国提供了经验，成为许多地区试验和效仿的发展模式。因此，作为一种被中西方认可的思想，乡村建设思想的研究意义重大。在新时代中国特色社会主义的背景之下，一系列政策中的乡村建设思想对经济发展尤其重要，通过对乡村建设思想的梳理以及思考，总结乡村建设经验和思想对乡村振兴战略的实施具有借鉴意义，新时代中国特色社会主义乡村建设思想对现阶段经济发展也起到关键指导作用。

从以往研究来看，孙中山的乡村建设思想、民国时期以梁漱溟为代表的乡村建设派思想以及中国共产党的乡村建设思想是近现代主要的乡村建设思想。在百年演进之中，思想内容不断"扬弃"、与时俱进，"新农村建设"是乡村建设思想的历史性成果（王先明，2016），每一个时期的思想都具有鲜明的时代特点。近代的乡村建设思想多是围绕着土地进行的乡村建设运动，孙中山认为"耕者有其田"是解决乡村问题的前提条件，在此基础之上才能实现城乡协调发展，实行县域自治（陈熙，2015）。孙中山的乡村建设思想具有开创性，重视农村问题，将民生问题看作建设之首，对现在以城带乡仍有重要的参考意义。乡村建设派的观点核心各不相同，这也与当时蓬勃兴盛发展的乡村建设运动有关，比如推崇儒家文化的梁漱溟、主张实业兴乡的卢作孚、提出教育兴农模式的晏阳初、苟翠屏等，均是重视乡村建设启蒙思想中比较经典的模式，是在特定的环境中认识到国家繁荣发展的先进思想。现代的乡村建设思想主要是指新中国成立以来，对中国特色社会主义的探索和建设中，中国共产党的乡村建设思想体系的不断完善，包括土地和农业生产方式的改革、土地制度的创新发展、"新农村建设"的提出、生态文明的建设等，乡村的绿色发展之路在经济建设的关键时期越来越重要。

在新的历史阶段，针对农村实践中的新形势，习近平总书记重要讲话和政策观点为积极应对新时期的问题找到了方法和对策（曾宪禄，2016）。在新时代乡村建设思想理论中，有对于"三农"思想的理解（韩长赋，2018），有相关政策方法的解析，有文化建设的认识（雷家军，2018），有对思想时代价值的研究（朱文武，2018）。实际上，在新时代的背景下，中国特色社会主义乡村建设思想还处于初步探索时期。还未有比较完整的叙述，本文通过研究不同历史时期乡村建设思想的发展特点，结合近几年来相关政策和重要讲话，总结新时代中国特色社会主义乡村建设思想的内涵，把握其对新时代乡村建设规划的重要意义。

三、乡村建设思想的演进脉络和理论逻辑

乡村建设思想从民国时期就已经存在，到后来发展壮大，随之是乡村建设运动不断开展，乡村建设思想也成为一种认可度比较高的政策思想。新中国成立以后，以土地革命为中心的农村建设一直是农村改革发展的重点，针对经济发展不稳定不平衡状况，对乡村经济发展模式、乡村组织、文化教育等方面进行管理，对农村建设进行整体布局成为社会主义探索时期一个重要的组成部分。改革开放以来，经济发展进入新的历史时期，政策指导大不相同，乡村建设思想也随之发展，更符合社会主义现代化建设时期的新要求。本文从孙中山时期、乡村建设派、新中国成立以来社会主义的探索以及改革开放社会主义建设时期至今四个典型时期对近现代的乡村建设思想进行梳理，找到研究乡村建设思想的方法。

（一）孙中山时期的乡村建设思想

孙中山是近代较早重视乡村建设发展并形成理论体系的人，其思想对于乡村建设意义重大，是具有先进指导意义的思想。孙中山是中国革命先行者，在创立中华民国推翻封建帝制之后，实行了一系列新的政策措施。孙中山强调重视农业发展，认为发展之根本在于民生问题。在传统的自然经济中，农业发展缓慢，与欧洲的工业文明相比差距甚远，当资本主义国家逐步实现大农场的农业发展模式，中国的农业已经落后了很多。在当时的背景之下，孙中山接受先进的西方思想，并且早在辛亥革命之前就上书李鸿章，提到过他的乡村建设思想。虽然在土地问题上还是有局限性，在对农民力量的认识上有所欠缺，但是其思想启蒙的意义对如今的建设仍有深远的影响。孙中山的乡村建设思想主要内容是：平均地权（晚年提出"耕者有其田"思想），乡村自治，科技教育兴农。

1. 土地问题是核心

中华民国初建之时，平均地权作为民生的核心，也是基本的经济纲领，受到极大关注。在农业经济长期占据主导的时期，土地的分配与农民的利益紧密相连，孙中山看到了土地的重要意义和作用，主张变革土地所有制，以"和平"赎买的方式没收地主土地来实现"平均地权"。后来在此基础上又提出了"耕者有其田"的思想，并认为这是解决农民问题的最终结果，最终中国共产党实现了这个主张也证实了其积极意义。在当时农业落后的现实情况下，孙中山的思想关注到土地问题，为后来中国土地制度的变革提供了可行的途径和丰富的经验。

2. 乡村自治为途径

清末民初时期乡村建设的特点是走"乡村自治"的道路。其延续了传统乡村治理方式。由于动荡不安时期国家力量的减弱，乡村自治逐渐发展形成当时的特色，并缓解军阀混战之下破烂不堪的经济。以县为单位，加上政府选拔优秀的人进行指导，循序渐进发展农业经济，农业和工商业协调发展的思想也是先进的启蒙思想，以城市带动乡村的发展一直延续至今。自治模式也是现代经济建设中的一种途径，在如今分级管理的制度中，也逐渐提倡权力下放，根据区域不同发展特色经济，反而可以使地区发挥优势，促进经济发展。

3. 科技教育兴农

在辛亥革命之前，为了改变落后的局面，接受先进思想的各派人士纷纷探索发展道路，而在这个受到西方经济思想冲击的特殊时期，主张学习西方先进技术的人不断增多。孙中山对于机械生产的见解独到，并提出"于斯际中国正需机器，以营其巨大之农业"。欧洲的快速发展使各国纷纷效仿，孙中山提出用科学的方法经营农业生产，开垦荒土，优先发展农业，实现农业机械化。这种思想也是实现农业现代化的途径，农业的生产不能一直依靠传统经济，创新发展农业、有效利用科技力量能够使农业的产出快速增加，节省人力物力的条件下保证农民的收入。文化教育是孙中山一直提倡的，他的政策主张中提到让农村的孩子接受文化教育，并由国家提供教育费用，推广先进的技术，广大农民学习生产知识能更有效地实现基层的建设。

（二）近代乡村建设派别

乡村建设派是1930年前后出现的一个派别，其主张用改良的方法建设乡村。其中梁漱溟的传统文化建设、晏阳初的平民教育思想和卢作孚实业兴乡的观点最为典型。当时的背景是政局动荡，国内外的环境不稳定，农村问题作为重要焦点，一直备受关注。中国共产党主张的农村包围城市、武装夺取政权无疑是一条成功的道路，而另一条道路的拥护者即乡村建设派的改良途径，虽然未能取得成功，但是其思想的研究价值在如今仍是重要的。

1. 梁漱溟乡村建设思想

梁漱溟是乡村建设派的杰出人物，他的主张以及在山东邹平的实验为乡村建设提供了理论和现实经验的借鉴。其理论特色是从文化的特殊角度来进行乡村的建设，在当时特殊的国情之下，最受关注的仍是农民革命，梁漱溟的改良思想主张实现农村现代化农民富裕的道路是将传统文化发扬光大，是一种特殊的方式，他认为农村是经济发展的根本，也是文化底蕴所在。首先，乡村建设运动是一种文化运动，这是农民革命的核心问题，也是政治经济建设的前提条件。其次，梁漱溟的乡村建设形式是乡农学校，即乡学形式和村学形式结合到一起，这种组织机构是实行一系列措施的基础核心，是实现现代化治理的途径。这条改良的道路并没有改变中国当时的局面，结果以失败告终，其局限也是很明显的，未能认识到土地问题的重要作用，用土地来引导政治建设，反而认为先建设好政治才能解决土地问题。但是他对乡村建设农村重要性的认识，对国家现代化道路的探析，尤其是他的成果中综合改革治理意义重大。

2. 晏阳初乡村建设思想

晏阳初以平民教育建设乡村的主张而著名，他的思想不仅有完整的系统理论，还具有极强的可实施性，极具特色。因为时代背景的影响，晏阳初的思想与梁漱溟的思想有相似之处，都是通过建设来达到"救国"的目的。首先，乡村建设的着力点是四大教育，主张创办平民教育来解决农村的基本问题。针对愚、贫、弱、私问题，分别加强文艺教育提高村民的知识水平、生计教育改善农民的生活状况、卫生教育提高素质健康、公民教育团结集体力量。其次，实行"三步走战略"，即乡村调查、研究实验和表证推广。调查是基础的工作，使得政策实施具有可行性，表征推广即由点及面将实验推广至全国。最后，平民教育执行方式是家庭、学校、社会结合，教育一直是改革热点，而晏阳初不只是关注学校的教育，还有平民教育的特色。晏阳初的乡村建设思想在定县的实践取得显著的效果，也为现代建设"新农村"提供宝贵的经验。

3. 卢作孚乡村建设思想

卢作孚是著名的主张实业兴乡的乡村建设派，关于乡村建设的思想，在其著作《乡村建设》中就早有提及。首先，他的目标是建立一个独立民主的国家，作为具有先进思想的实业家，卢作孚很早就看到了农村作为发展基础的重要性，他主张实业兴乡，利用实业带动城镇化、工业化的发展。其次，"乡村现代化"是建设的核心，也是重要的指导思想，在嘉陵江三峡的实验中工厂设施、水利工程方面等均有体现，将工矿区的产业发展起来，实现北碚地区经济快速发展，工业化不断提高。最后，乡村建设的方式注重秩序建设，秩序的稳定能促进效率的提升，这一点思想对如今社会的建设也有重要意义。

（三）中国共产党的乡村建设思想

1. 延安模式乡村建设思想

关于延安模式的探索有很多，主要是探讨这一个特殊时期中国共产党对乡村建设的理论与实践。实践地主要是陕北地区，当时自然环境和社会环境都比较复杂，毛泽东在建设指导中的核心思想就是将群众组织起来，提高生产力，在革命中走农村包围城市，武装夺取政权的道路。首先，这个时期也是有乡村自治的，是一种比较民主的管理方式，符合时代背景的要求，为革命打下了坚实的群众基础，有利于革命的开展。其次，延安模式的乡村建设注重互助合作，通过集中劳动力和生产要素的方式，在战乱的背景中，积极地促进了经济的发展和生产力的提高。最后，在战乱不断的情况下，中国共产党将重心从城市转向农村，重视农村发展，找到了一条正确的革命道路，其乡村建设与政治建设密切相关，具有很强的政治性。

2. 新中国成立以来社会主义探索时期

自从 1949 年新中国成立以来，国内局面发生了翻天覆地的变化，国家统一之后，国外的侵略告一段落，主要的建设重心放到了恢复战乱中遭到破坏的经济上，在马克思主义的指导下，新中国开始一系列对于建设社会主义的探索。在新民主主义革命中，农民作为重要的革命力量为新中国的成立做出巨大贡献。新中国成立之后，为了巩固国家新政权，使经济恢复并且得到较好的发展，农村土地问题必须合理解决。土地是重要的生产资料，只有分配好土地资料，真正地解放生产力，才是发展经济走上现代化道路的重要途径。农村的发展是广大人民群众的利益所在，是发展的根本所在，随着土地改革运动、"三大改造"、人民公社化运动的一步步完成，新中国在社会主义探索初级阶段对于乡村的建设一直以土地为中心，重点关注土地这一生产资料, 解放生产力, 在一些基础设施方面也取得巨大的成就, 为中国农村经济的发展奠定基础。集体合作化的一些形式出现, 在农村建设合作化的发展中, 从土地私有到土地公有制的转变, 农村的合作化程度不断加深, 注重经济文化建设, 积极探索适合中国发展的道路。

新中国成立以来, 中国农村改革运动蓬勃发展, 对恢复国民经济起到重要作用, 大规模的农村建设兴起。1952 年底, 全国土地改革基本完成, 《中华人民共和国土地改革法》的颁布, 废除了封建土地所有制, 广大农民成为土地的主人, 这种体现在农村生产关系上的彻底改变, 极大提高了农业生产积极性, 这个时期农村建设的核心是围绕土地开展的, 在当时的背景之下, 只有解决好土地问题, 才抓住了农业建设的关键。

社会主义三大改造进一步对农业各方面进行合理的调整, 开始了社会主义计划经济, 走集体化道路。最初将拥有各种生产要素的农民组织起来, 共同实现农业生产; 随着生产工具的发展, 农业性质变为协调不同劳动者的生产性活动, 实际上看作是一种生产工具的公有制; 后来主体公有制发展起来, 实行军事化的管理, 劳动者的劳动归公; 到高级社的阶段时才开始有真正的土地公有制, 即马克思的观点: 劳动产品归生产资料所有者所有。

人民公社时期农村建设受到一些阻碍, 但是在基础设施方面却取得了许多成就, 这一时期的发展多是依赖于物质基础设施。物质生产资料的发展, 使得在现有的土地下可以有更多的产量, 水利和化肥的使用也是农业生产的助力。

总体上来说, 在社会主义的探索阶段, 乡村建设思想的核心问题是土地这一生产资料的解放, 实现了农民土地所有制, 一直发展到各种生产资料及物质基础设施的逐渐完善, 水利设施和农药等作为农业生产的有效助力, 提高生产产量, 这些转变是社会主义探索时期农村建设的重要变化。

3. 改革开放以来社会主义建设时期

1978 年改革开放, 针对农村经济发展中的问题作出了调整, 在土地的核心问题上, 创新实行家庭联产承包责任制, 从取得的效果来看, 极大解放了生产力, 促进了生产的积极性。"乡政村治"体制不断完善, 这种体制也极大地促进了农村经济发展。随着城镇化的加快, 现代化进程中的战略措施都对乡村的建设提出了更高的要求。

改革开放是从调整农村的土地关系开始的, 在人民公社时期遗留下来的生产性不高的问题, 土地归集体所有, 导致粮食生产受限, 加上饥荒问题严重, 迫切需要改变这种不利局面, 而安徽凤阳小岗村率先进行"大包干", 粮食产量飞速提高, 引导全国走向了家庭联产承包责任制。这种农村改革的巨大成功打破了当时生产性不足的僵局, 其乡村建设的核心思想, 即土地制度的改变, 使农民可以有生产的积极性, 解放了生产力。

4. 新农村建设时期

到 20 世纪 90 年代，工业化不断发展，尤其是重视工业的发展，农产品的价格下降，农业生产的积极性也大不如前，城乡二元结构的一些矛盾显现出来，城市化滞后和农业问题突出。为了解决"三农"的困难，国家开始重视农村发展，在多次重要的会议和政策文件中突出体现乡村建设的重要性，实施新的政策进行新农村的建设。

进入 21 世纪以来，尤其是十八大和十九大报告中，更是指出乡村建设要注重生态文明。美丽乡村建设和乡村振兴战略的不断发展推进，使得现在的农村有了新的风貌，三农问题得以改善。自从出现了"民工潮"，十八大以来在土地的利用问题上农村土地的"三权分置"，保留集体土地所有权，稳定承包权，放活经营权，这一制度的创新实现了集体所有土地的有效利用，促进城市和乡村协调发展。这一时期的乡村建设思想，针对新时期农村土地的特点，强调制度的创新发展，强调生态文明的建设，农村在建设主动权上有所发展。

四、新时代乡村建设实践

中国特色社会主义新时代开始于党的十八大，这个新阶段，与之前的社会主义建设一脉相承，却又有着自己独特的特点。十八大以来，以习近平同志为核心的党中央在新的历史阶段，推进"五位一体"和"四个全面"战略布局，分析解决长期以来未解决的问题，为新时代的发展提供了行动指南，新政策为新的历史时期指明方向，一系列重大举措更是新时期发展的创新动力。从中国共产党领导的乡村建设来看，大致经历了四个阶段，首先是以工业为主，乡村发展支持工业发展；其次是城乡二元结构，城乡共存发展，以工业反哺农业；在不断协调工业、农业之间的矛盾之后，第三个阶段是城乡协调发展；而进入社会主义新时代以来，乡村振兴战略实施，乡村建设发展受到足够的重视，在建设上拥有主动权。这也说明了，农业问题的重要性，使其在新时期阶段，利用自身的优势，掌握乡村建设主动权进行发展，推动社会主义现代化的建设。

（一）重视工业发展

七届二中全会是在新中国成立前夕召开的，为新的历史时期建设做准备。会上指出新中国为恢复战争中破坏的经济建设的主导思想，就是要以城市为重心，优先进行工业化发展，农业不能作为建设的重心，而是由工业带动农业发展。

"一五"计划开始，重心就在于工业的发展。我国是一个农业大国，计划中也注意到工农问题要协调发展，这一时期农业总产值平均年增长是4.5%，工业总产值年均增长为 18%。由于认识的不足和当时复杂的情况，到"大跃进"时期"赶超战略"盛行，浮夸风之下没有看到农村的实际问题，中国经济建设处于失调阶段。在 1958 年之后的发展，利用"工农产品剪刀差"，牺牲农业来发展工业，这也使得农业的发展一直处一种弱势落后的状态。因为农产品是国家定价的，通过一个低价将粮食收购，然后向城市中低价销售，只是维持工业中的低成本，对农产品的剥削，去追求工业上的高利润，国家再通过大工业利税上缴实现建设。这种对农业品的牺牲终究会使得矛盾爆发，无法维持。一直到城乡二元结构受到关注，在这一时期中，虽然农村问题也在经济建设之列，但却一直是以优先发展工业为前提的，农村根本问题始终未解决。

（二）城乡二元结构

在 20 世纪八九十年代，人们认为城市化是能够带动乡村建设的关键问题，是改善农村落后的关键。随着工业化发展，我国城市和乡村背离化，出现了城乡二元结构的矛盾，比较发达的城市和落后的乡村经济并存。而且我国工业化发展较快，有一些地区比较繁华，发展迅速，能够实现城市经济大工业生产，但是城市化水平却远远跟不上工业化发展的速度。农业的发展更是一种比较落后的状态。农业中小农经济长期占据主要地位，农业也无法像西方国家一样实现机械化现代化生产。这种城乡差距的拉大不利于现代化建设，这个时候"三农问题"突出，人们认识到，城市化发展并不能解决"三农"问题，反而是应该让农业发展起来，如果只关注城市化会让差距变得更大。

（三）城乡协调发展，工业反哺农业

进入 21 世纪，我国开始提倡统筹城乡协调发展，在亟待解决的城乡矛盾中，创新地提出了工业反哺农业和城市支持农村的经济建设思想，并且取消农业税费，给予政府补贴，提供社会保障服务，鼓励发展农业。这个反哺的政策对于促进城乡协调发展，共同进步，具有重要的意义，也是基于我国现状和时期发展特点的政策措施和合理手段。

2005 年，中央提出社会主义新农村建设的 20 字方针，即"生产发展、生活宽裕、乡风文明、村容整洁、管理民主"，同时，农村也是全面建成小康社会的重要任务。工农城乡问题亟待解决，必须给予足够的重视，以推进现代化建设。

在社会主义和谐社会构建中，改变农业的落后局面，以城带乡促进农村经济建设，解决好城乡二元结构的矛盾，将农村的建设引导向现代文明的道路发展。

（四）乡村振兴

2013 年，中央"一号文件"发布，"美丽乡村建设"的新概念提出，党

的十八大对美丽乡村建设进行了详细的阐述，在此指引下，农村建设开始改变风貌，走文明发展道路，一些乡村取得丰硕的成果。通过几年的发展，乡村建设有了显著的效果，农村的建设主动权不断增强，乡村振兴战略在此背景下应运而生。十九大报告中对乡村振兴战略进行了阐述，2018 年两会期间，习近平总书记在山东代表团参加审议时强调："实施乡村振兴战略是一篇大文章，要统筹谋划，科学推进。"城乡融合发展体制和政策不断完善，关键是要推进农村基本公共服务的完善发展，实现乡村产业振兴，因地制宜发展特色是乡村独特的优势所在。结合现代化生产技术，乡村旅游的发展，应努力实现十九大中强调的务农队伍、支农队伍、管理队伍的培养。

五、习近平新时代中国特色社会主义乡村建设思想

（一）以共同富裕为任务目标，发挥乡村发展积极性

从实践发展来看，中国共产党所制定的政策，符合时代发展的要求，实现了农村从落后被动状态到发挥主动建设权的转变。城市和乡村协调发展，才能促进现代化经济建设。坚持中国共产党的领导，有利于政策的实施和乡村建设更有序的发展，中国共产党的实施政策是我国经济建设的行动指南。乡村建设的发展，最终还是要落脚到实现共同富裕的目标。因为农村的落后发展，无法平衡城乡之间的贫富差距，也不利于社会秩序的建设，在新时代的建设中，这是建设发展的重要问题，也是发展中国家经济受制约的关键问题。国家的政策正是以实现平衡经济发展为实施的有效措施，国家经济发展是为了让人民能有更好的生活水平，这是社会主义和谐社会建设的基础。

实现城市和乡村的共同发展，关键是要发挥乡村的主动性。在城乡的发展中，农村逐渐掌握建设的积极性，政府的政策措施也逐渐向重点发展农村经济倾斜，在乡村和政府各方面的努力之下，才有了如今朝气蓬勃的乡村建设发展。乡村的发展不应该依赖工业的发展，乡村更注重的是发挥积极性，有效的发挥乡村的优势和主导地位，结合城市的建设成果，有效利用现代化设施，因地制宜实现生态文明发展。今后的发展更是应该加强乡村建设，进一步解放生产力，使得乡村实现现代化建设，促进经济和谐有序发展。

（二）实施乡村振兴道路，实现生态文明发展

乡村振兴战略是适合新时代历史特点的重要政策措施，它能保证乡村发挥其主动性，利用乡村特色和优势，实现乡村产业的发展。当前社会的主要矛盾已经转化为人民日益增长的美好生活需要同不平衡不充分发展之间的矛盾，实践活动结果证明，乡村振兴战略取得的巨大成果，得益于适应时代的特点，符合人们对美好生活的向往，能够实现城乡协调发展、促进现代化建

设的目标。

实施乡村振兴战略，要以习近平新时代中国特色社会主义思想为指导，坚持建设发展的方针政策，将解决好"三农"问题作为工作重点，优先发展农业，重视生态发展，实现乡村现代化建设。《中共中央关于实施乡村振兴战略的意见》的政策中提到，突出"四个强化"是实施乡村振兴战略的重点内容。即以完善农村产权制度和要素市场化配置为重点，完善农村土地制度，有效合理的利用土地资源，避免土地荒废和资源浪费，提高生产要素利用效率；强化人才支撑，人力资源在经济建设中起着越来越重要的作用，人才是发展的重要资源，现代化科技越来越需要人才的支撑，完善人才机制，吸引人才进行乡村建设；强化投入保障，健全制度和管理措施，做到秩序有效，提供投入渠道，政府引导乡村发展；制定国家乡村战略规划，重视规划的向导作用，提高实行效率。使乡村成为生态文明之地，实现绿色可持续发展。

（三）有效利用生产要素、放活三权分置制度

土地利用和土地制度一直是乡村建设的核心问题。现阶段的发展中，农村中外出打工的情况已越来越普遍，农村中出现大面积土地荒废，林业资源不合理利用等问题，而城市用地却很紧张，区域间出现资源不协调的情况，限制着乡村经济的发展。因此，如何激活各类生产要素就显得尤其重要，农村中土地房屋和其他资源应进行合理整治，开发项目要有严格的程序和管理措施。对于可规划的土地，因地制宜有效利用土地，大力开发乡村旅游等项目建设，针对乡村三产不平衡的问题，要大力支持农村二、三产业的发展和优化升级，宣传生态农业，倡导自然生态文明。区域之间进行要素资源的协调配置，以实现两地经济共赢发展的目标，在空间上提高要素资源的利用效率。

"三权分置"是习近平在时代背景下提出的土地制度，深化土地改革，将土地的所有权、承包权、经营权分开，可按照农民的意愿进行土地流转、承包、抵押等交易，真正地实现土地资源的灵活使用，一方面可以提高农民的财产性收入，另一方面也能加强农村土地资源利用避免要素资源浪费。真正的用活"三权分置"制度，解决长期以来土地利用的难题，重点就在于建立有效的产权交易市场，对生产要素的交易进行规范化管理，提供信息服务引导乡村建设发展。不断完善"三权分置"中涉及的相关法律条例，放活经营权，理论联系实践，找到土地利用最有效的实现方式。

参 考 文 献

［1］Li Jiang. How to Develop Modern Agriculture and Promote New Rural Construction, Proceedings of 4th International Symposium on Social Science，2018：5.

［2］Yeying Hong. Rural Revitalization Strategy against the Background of Rural Labor Transfer and Poverty Reduction Effect Research，Proceedings of the 2015 International Conference on Economics，Management，Law and Education，2018：5.

［3］张金金：《晏阳初、梁漱溟乡村教育思想比较》，载《河南师范大学》2015 年 5 月 1 日。

［4］李晓明：《"近现代中国乡村建设思想"研讨会观点综述》，载《求知》2012 年第 3 期。

［5］郭海霞：《研究中国乡村建设思想史的意义》，载《中国经济时报》2011 年 12 月 8 日。

［6］邵艳：《梁漱溟乡村教育思想研究》，载《湖南农业大学》2008 年 4 月 30 日。

［7］王淳天：《习近平乡村治理思想体系探析》，载《新西部》2018 年第 24 期。

［8］郭绯绯：《美丽乡村建设现状与对策》，载《建材与装饰》2018 年第 37 期。

［9］王先明、熊亚平：《近代中国乡村建设思想的释义问题》，载《南京社会科学》2016 年第 4 期。

［10］曾宪禄、郑兴明：《习近平农业思想初探》，载《哈尔滨学院学报》2016 年 4 月 15 日。

［11］韩长赋：《关于实施乡村振兴战略的几个问题》，载《时事报告（党委中心组学习）》2018 年第 3 期。

［12］雷家军：《习近平农村文化建设思想论析》，载《中华文化论坛》2018 年第 3 期。

［13］朱文武：《习近平新时代中国特色社会主义思想研究综述》，载《武汉电力职业技术学院学报》2018 年第 1 期。

［14］王毅：《建国初期乡村建设派眼中的"乡村建设运动"》，载《理论视野》2018 年第 6 期。

［15］万坤利：《习近平美丽乡村建设思想初探》，载《铜仁学院学报》2018 年第 5 期。

［16］魏丽玲：《生态伦理视域下美丽乡村建设问题研究》，载《河北经贸大学》2018 年 5 月 1 日。

［17］李倩：《美丽乡村建设中发挥农民主体性研究》，载《福建师范大学》2017 年 3 月 23 日。

Xi Jinping's Thought of Rural Construction in the Background of Socialism with Chinese Characteristics in the New Era

Qiu Jiahui   Cui Baomin

(Shandong University of Finance and Economics, Jinan, 250014)

Abstract: In recent years, the construction of ecological civilization has been continuously promoted, and the rural construction, as the focus of reform and development, has attracted extensive attention. The 19th National Congress of CPC have put forward higher requirements for the construction of ecological villages. As a guide to urban and rural issues, rural construction thought plays an important role in regional coordination. Since modern times, the evolution of rural construction thought has constantly promoted, The rise of the rural construction movement in the 1920s and 1930s made the rural construction faction more influential as a political faction, In the theoretical research of Liang Shuming and others, it has continued to grow and develop. Later, the exploration of rural construction thoughts is constantly updated and supplemented. The guiding role of rural construction thoughts on national economic construction is reflected in the implemented policies. The rural construction thoughts have guided urban and rural problems and become an important concern. From the initial agricultural support for industrial development to the urban-rural dual structure and the coordinated development of urban and rural areas, to the current rural revitalization, the active initiative of rural construction has been strengthened. In the new era under the background of the socialism with Chinese characteristics, Xi Jinping's new thought of rural construction meets the requirements of the new era, Takes common prosperity as the mission goal, takes the road of rural revitalization, promoting the development of rural economy and liberates productive forces, economic development of a series of positive policy practice makes a series of major achievements, it is the important measure of realizing ecological civilization development.

Keywords: Socialism with Chinese Characteristics for a New Era. Rural Construction Thought   Urban and Rural Development   Policy Guidance

新时代中国乡村振兴：历史渊源与实施重点*

吴丰华　李　敏**

（西北大学经济管理学院，西安　710069）

【摘要】 乡村振兴战略是我国在新时代促进城乡融合发展、建设社会主义现代化经济体系的重大战略，更是实现中国梦不可或缺的组成部分。乡村振兴的提出具有悠久的理论和历史渊源，它建立在各个时期党对我国工农城乡关系深刻认识的基础之上，既涵盖了以往各个历史时期党的农村战略思想精华，也赋予了乡村发展以"产业兴旺、生态宜居、乡风文明、治理有效、生活富裕"的新目标和新内容，这其中，产业兴旺是当前乡村振兴战略实施的重点。

【关键词】 乡村振兴　产业兴旺　城乡融合发展　新时代

一、乡村振兴战略提出的重大意义

在整个工业化和城镇化的进程中，农村劳动力从农业流向非农产业，从农村流向城市是一个普遍的自然历史过程。这个过程的基本趋向是农村各种可流动资源或要素单向地流向城市，特别是流向具有极大集聚力的发达地区和中心城市，这一方面带来了城市经济的扩张，另一方面也可能引致乡村的衰落。我国历史上是一个农业国，农业是经济建设的基础，农民是发展生产的主力军，农村是重要的生存与发展空间。在这样的历史背景下，要在短时间内实现工业化与城镇化绝非易事。截至 2017 年末，中国城镇常住人口81347 万人，城镇化率达到 58.52%，但同时农村常住人口仍有 57661 万人，占总人口比重的 41.48%。因此，城市建设仍不完善，难以吸纳众多的农村人口并给予其与城市人口同样的基础设施与服务，同时农村拥有巨大的发展潜力时，聚焦农村发展，就地实现农村居民的安居乐业，在现代化的总要求下着力解决"三农"问题，提高农村居民的生活质量，是更为有效可行的发展方案。

* 基金项目：国家社会科学基金重大招标项目（16ZDA023），西北大学"三大系列"研究项目（17ZX08）。

** 吴丰华，男，陕西西安人，副教授，硕士生导师，从事政治经济学、市场经济理论和城乡关系研究。李敏，西北大学经济与管理学院研究生。

正是把握了人类社会城乡关系发展的规律，并认识到了发展农村以促进城乡融合的可能性和必要性，习近平总书记在党的十九大报告中首次明确提出实施乡村振兴战略，并将这一战略作为决胜全面建成小康社会、全面建设社会主义现代化强国的七大战略之一写入党章。报告指出，农业农村农民问题是关系国计民生的根本性问题，必须始终把解决好"三农"问题作为全党工作重中之重。要坚持农业农村优先发展，按照产业兴旺、生态宜居、乡风文明、治理有效、生活富裕的总要求，建立健全城乡融合发展体制机制和政策体系，加快推进农业农村现代化。

以乡村振兴战略统领未来国家现代化进程中的农业农村发展，主要有以下几方面的重大意义。

首先，乡村振兴战略是新时代推进城乡融合发展的有力举措。我国经过近四十年的改革与发展，进入了中国特色社会主义新时代，农村经济社会发生深刻变化。一方面农业农村事业迅速发展，取得了历史性成就，具备了在更高水平上实现乡村振兴的条件；另一方面农村发展相对滞后，成为我国经济社会发展的短板。"农村空心化""农业边缘化"和"农民老龄化"的"新三农"问题日益突出，乡村衰落的趋向不容忽视。在这种背景下，乡村振兴战略既是繁荣乡村经济社会的重要途径，也是破解城乡二元结构难题、缩小发展差距、推进城乡发展一体化的有力举措。

其次，乡村振兴战略是中国改革开放第二次借助农村发力。四十年前中国的改革开放是从农村开始的，把农村、农业、农民"三农"问题作为解决中国问题的突破口，借助家庭联产承包责任制这一农业经营方式，农村生产力的巨大释放推动了各个领域、各个行业、各个区域的全面发展。进入新时代，原有的改革开放措施所释放的发展红利几近枯竭，需要从目前经济社会发展的短板、也是发展潜力最大的乡村入手，让农村再次发力，以乡村振兴为契机全面推进改革，释放二次红利。

再次，乡村振兴战略是破解新时代主要矛盾的重要手段和举措之一。当前社会主要矛盾在于人民日益增长的美好生活需要和不平衡不充分的发展之间的矛盾，其在农村地区有具体内涵，包括对农村发展的需求从增产增收向提质增效转变，从小农经济向三产融合转变，从村容整洁向生态宜居转变，从提高收入向提高生活质量转变等。实施乡村振兴战略，就是在现阶段给予农村足够的发展机会，有效化解这些矛盾。

最后，乡村振兴战略是挖掘农村消费潜力、扩大内需的重要手段。目前我国城市居民的消费水平有了极大提升，消费市场与农村相比相对趋向饱和，在无法迅速改变城市居民消费习惯、优化消费结构的前提下扩大内需的空间有限，而农村消费市场发展相对滞后，有较大的开发空间。因此，实施乡村振兴战略，促进农村产业转型升级，改变农民的生产方式与生活方式，有利于释放农村的巨大消费潜力，有效扩大内需，在经济新常态下保持我国经济社会持续稳定发展。

二、乡村振兴战略的历史溯源

探索新时代乡村发展的新出路，离不开对中国城乡关系发展脉络的回顾与考察，特别是改革开放以来社会经济实现飞速发展的背景下，研究城乡关系的演变有更强的理论与实践意义。在经济发展带来城乡关系不断变化的前提下，如何审时度势地制定农村发展战略，使之跟得上城市发展的步伐，进而实现城乡融合发展，就显得尤为重要。

（一）改革开放以来中国城乡关系发展脉络

20世纪80年代初期发端于农业和农村，后来扩展到国家经济社会方方面面的改革开放，实际上就是一次对乡村价值的再判断和对城乡关系的再调整。它主要包括两方面的内容：一是对计划经济时代乡村建设问题的检讨，二是对市场经济体制下城乡关系的重新定位。

新中国成立后实行高度集中的计划经济体制，开启了重工业优先发展的国家工业化进程。彼时中国的工业基础薄弱，为学习苏联在短时间内建立较为完善的工业体系，尤其是进行重工业建设，必须倾举国之力为重工业发展服务。这一时期的要素和资源的流动基本是单向的，工业部门借助工农产品剪刀差的形式抽取农业剩余，实现资本积累，农村地区为城镇发展提供服务，在严格的户籍制度与集体化人民公社制度的限制下，城乡要素难以自由流动，农村劳动力被束缚在土地上，农民没有自由择业权。在此基础上逐步形成工业主导农业、城市主导乡村的工农城乡关系和工农城乡不平等的利益交换格局[①]，经济条件和发展机会在城乡间的不均衡分配加剧了城乡二元结构的强化。

改革开放以来推行的社会主义市场经济体制激发了农村和城市发展的活力，也带来了城乡关系的变革。以中国城乡关系自身的阶段性变化、党和国家对城乡发展的重大决策和部署为节点，可将城乡关系划分为向好、再度分离、统筹发展、全面融合发展四个阶段。

1978～1984年，改革开放以创造激励的制度复归为逻辑起点，促进城乡关系向好发展。变革是从农村开始的，土地制度由农业合作化转变为家庭联产承包责任制，实现了所有权的复归。改革将土地的产权分为所有权和经营权，前者归集体所有，后者由集体经济组织按户均分包给农户自主经营，集体经济组织负责承包合同履行的监督，公共设施的统一安排、使用和调度，土地调整和分配，从而形成了一套有统有分、统分结合的双层经营体制。将

---

① 张军：《乡村价值定位与乡村振兴》，载《中国农村经济》2018年第1期。

价格机制部分地引入农产品市场，对粮食收购价格的提高带来了价格的复归。其后粮食统购统销制度的瓦解促进了市场的复归。这一阶段对工商业的诸多限制也有所放宽，生产经营突破了"以粮为纲"的单一产业政策和不准农村办工业的禁令，鼓励发展多种经营，乡镇企业和个体工商业蓬勃发展，农村居民的市场参与权实现复归。户籍制度的放宽带来人口的市场化配置，大批农村剩余劳动力外出经营和务工，农民的自由流动和迁徙权复归。变革使得长期被压抑的农业生产潜力得到释放，农村食品生产和商品经济逐渐恢复。由于这一时期的变革主要发生在农村，也为农村追赶城市提供了机遇，城乡收入差距持续缩小，我国的城镇化进程再次启动。

1984～2003 年，改革的方向由农村转入城市，导致了城乡关系的再度分离。农村的率先改革打破了以往的城乡发展稳态，从而倒逼城市开始改革。这一阶段推行的城镇居民收入分配体制改革、财税体制改革为城市经济的发展提供了有利的制度环境。国有企业改革、非公有企业的发展以及价格体系的调整，进一步激发了城市经济的发展潜力。任何改革都希望能带来收益增量，但由于改革收益有限，只有制定改革政策、参与改革过程的主体才有资格优先分配改革收益。城市利益集团的迅速发展使之在城乡关系中占据绝对主导地位，能够决定城乡的激励方式和改革路径，选择产业发展的路径。该时期农村改革有限，城市经济发展的速度明显快于农村，城乡呈现发散发展的态势，城镇居民收入迅速增加，农民收入则增加缓慢，且分税制改革导致农民负担加重，工农业剪刀差依然存在，城乡收入差距再次扩大。在这一过程中新的二元结构产生，表现为农业转移人口与城市居民在收入水平、社会保障服务等方面的差距，且城市化进程中的农地问题也更加突出。

2003～2012 年，统筹城乡战略带动了城乡关系趋好，外部力量的介入打破了城市利益集团的控制。中央提出一系列关于城乡关系变化的新认识和新判断，不断进步的理论指导实践不断发展。理论上"两个趋向"的论断为新型城乡关系奠定基调，实践上支农强度大幅提高；理论上提出"城乡经济社会一体化"，实践上对三农问题进行新的改革探索。户籍和农地制度的松动也相应带来实践上的破冰改革。

2012 年至今，城乡关系进入全面融合的发展阶段。党的十八大以来，在城乡关系方面，以习近平同志为核心的党中央提出了一系列新理论和新战略，形成了由"城乡发展目标理论—城乡发展路径理论—城乡发展对策理论"组成的有机理论体系，以全面建成小康社会背景下的城乡全面融合发展为目标，用五大发展理念来指导新时代的城乡发展，通过实施乡村振兴战略推动城乡融合发展。

改革开放以来农村建设颇具成效，建立了较为坚实的经济基础，需要在更高层面上对农村建设提出新要求，进一步激发广大农村地区的发展潜力，乡村振兴战略的提出水到渠成。

（二）农村发展战略的演进

乡村振兴战略作为新时代中国特色社会主义建设的新战略，反映了党和国家农村发展战略思想的与时俱进。21世纪以来，我国经济社会发展进入加速转型阶段，国家破解城乡二元结构、形成新的城乡发展战略的思路也不断清晰。

2002年11月，中国共产党第十六次全国代表大会提出"统筹城乡经济社会发展，建设现代农业，发展农村经济，增加农民收入，是全面建设小康社会的重大任务"。2006年3月，国家"十一五"规划中提出"建设社会主义新农村"，并强调要"建立以工促农、以城带乡"的长效机制。2007年10月，中国共产党第十七次全国代表大会提出"解决好农业、农村、农民问题，事关全面建设小康社会大局，必须始终作为全党工作的重中之重"，"形成城乡经济社会发展一体化新格局"。2008年10月，中国共产党十七届三中全会指出中国已经进入"着力破除城乡二元结构、形成城乡经济社会发展一体化新格局的重要时期"。2012年11月，中国共产党第十八次全国代表大会提出并论述了"城乡发展一体化"的新理论，指出"城乡发展一体化是解决'三农'问题的根本途径""解决好农业农村农民问题是全党工作重中之重"，要"形成以工促农、以城带乡、工农互惠、城乡一体的新型工农、城乡关系"。2017年10月，中国共产党第十九次全国代表大会提出"实施乡村振兴战略"，并重申了"三农"问题的重要战略意义，"农业农村农民问题是关系国计民生的根本性问题，必须始终把解决好'三农'问题作为全党工作重中之重"。从政策层面看，从城乡统筹、城乡一体化到城乡融合发展，既保持了发展思路、发展目标的连续性，又与时俱进，在内涵上不断拓宽。城乡融合发展意味着农村在新时代的发展中逐渐追赶上城市的步伐，更加强调城乡发展的有机结合和相互促进，体现了城市与乡村的双向互动。

三、新时代乡村振兴战略的具体内涵

十九大报告强调："要坚持农业农村优先发展，按照产业兴旺、生态宜居、乡风文明、治理有效、生活富裕的总要求，建立健全城乡融合发展体制机制和政策体系，加快推进农业农村现代化。"这是对乡村振兴战略的集中表述，具有丰富的内涵和明确的要求。对比党在十六届五中全会提出的"生产发展、生活宽裕、乡风文明、村容整洁、管理民主"的社会主义新农村建设的总要求，可以看出乡村振兴战略既是新农村建设的"升级版"，也是党的"三农"工作一系列方针政策的延续和发展。

从"生产发展"到"产业兴旺"，对农业农村经济建设的要求更准、更实，目标更高，体现了层次和要求上的升级。发展生产力，夯实经济基础始终是农业农村现代化的第一要务。但在不同的经济状况下，对发展生产的要求是不同的。21 世纪之初，农业生产能力是比较有限的，农业面临的主要困境是供给不足，因此农业生产的主要任务是提高农产品供给水平，相应提出了"生产发展"的要求。如今的农业综合生产能力有了较大提高，主要面临的问题由供给总量不足转变为供给的质量、供给的结构性矛盾。此时要进一步提高农业综合生产能力，必须要加快农业供给侧结构性改革，推进一二三产业融合发展。

从"生活宽裕"到"生活富裕"，对农民收入水平和消费水平的提高提出了更高的要求。2005 年前后，我国农村居民生活水平刚刚从温饱转向小康，收入水平较低，消费结构也比较单一。随着农业农村建设的发展、农民就业渠道的拓宽和收入来源的多元化，农民的收入水平和生活质量有了很大的提高，在满足生存性消费和发展性消费的前提下，追求享受型消费成为越来越多家庭的奋斗目标。这时以"生活富裕"为目标，体现了城乡居民收入差距进一步缩小，农民有持续稳定的收入来源，以及经济宽裕、衣食无忧、生活便利、共同富裕的未来前景。

从"村容整洁"到"生态宜居"，对农村生态环境的要求更加全面也更富有弹性。一方面由村庄面貌干净整洁拓展到整个生态环境，另一方面更加注重农村居民的获得感，建设美丽乡村，达到"宜居"水平。2005 年前后，我国农业农村发展的重心仍在于促进生产，再加上农业劳动力的外流，农村没有足够的精力和资本进行生态建设。然而城市和农村同属一个生态命运共同体，要实现经济社会的可持续发展，农村的生态建设是不可忽视的一环。并且随着农村经济条件的改善，具备了建设美丽乡村的经济实力。农业生态系统的重建有利于农业生产力的可持续发展，农村居民生活环境的改造升级也有利于农村生态价值的开发，带动乡村旅游等产业的发展。生态建设让"看得见青山，望得见绿水，留得住乡愁"成为现实。

从"管理民主"到"治理有效"，要求健全自治、法治、德治相结合的乡村治理体系，形成有序、有效治理的乡村发展新格局。乡村善治是国家治理体系和治理能力现代化的有机组成部分。[①] "管理民主"国家强调农民在农村社区事务管理中的民主权利，追求的是干群关系的和谐。随着农村人口结构的调整与产权关系的复杂化，仅靠村民自治不足以进行农村的规范管理，对于农村治理水平也提出了更高的要求。从管理到治理，民主是要求，有效是结果；从注重程序到注重结果，更加强调农村的和谐和安定有序。

尽管"乡风文明"的表述并没有发生变化，但其具体内涵进行了更为深刻的扩展。乡风文明是精神文明建设的重要内容，必须长期建设，完善发展。乡风文明建设的关键在于如何定位乡土文化，如何在现代化的过程中继

---

① 叶兴庆：《新时代中国乡村振兴战略论纲》，载《改革》2018 年第 1 期。

承和发展乡土文化。乡土文化是农耕文明的历史积淀与文化载体，与自然有着天然的联系，是中国特色乡村文明的特色文化构成。乡村振兴的内生动力必须来自广大农民，而乡土文化就是乡村振兴凝心聚力的黏合剂和发动机。[1]城乡融合不仅是经济发展的并轨，文化的交融也尤为重要。乡土文化作为农村地区巨大的文化资本，在城乡融合中有其特有的作用。在农村建设的过程中，乡土文化需要传承创新，乡风文明离不开乡土文化的现代化转型。

四、新时代实施乡村振兴战略的重点

作为新时代解决"三农"问题的顶层设计，乡村振兴战略的五大目标之间并不是简单的并列关系，而有其深刻的内在联系和理论逻辑。其中，产业兴旺作为经济基础的部分，对于乡村振兴的其他四项有着基础性、决定性的意义，且产业兴旺也会从其他四项的发展建设中受益，最终形成乡村振兴的良性发展格局。

产业兴旺作为经济基础在五大目标中居于核心地位，决定了作为上层建筑的生态宜居、治理有效、乡风文明、生活富裕四个目标。发展是解决一切问题的基础和关键，财富的最终源泉在于产业的兴旺与发展。在一定的社会经济基础上才能进行配套的经济建设、政治建设、社会建设、文化建设与生态建设。在农业发展从增产导向转为提质导向的要求下，要推进产业兴旺必须实现农村劳动分工的不断深化，资源利用效率的有机提高，财富创造源泉的充分涌流。农村实现产业兴旺，意味着农村一二三产业更加发达和更有活力，农民在市场经济中拥有了更大的参与权，以及城乡二元经济结构的改善，最终带来了整个农村经济的向好发展。

生活富裕是乡风文明和治理有效的基础。[2] 生活富裕标志着农民生活质量的不断提高与消费结构的不断优化，它能够潜移默化地带来生活方式、思维方式的变化甚至价值观念的转变。在知识和技术的溢出效应呈指数增长的时代，一部分富裕起来的农民通过加强对其自身以及下一代的人力资本投资，作为乡村中的精英群体参与到乡村治理和建设中，推进了乡村治理体系的完善与发展。作为乡村发展目标的富裕不是少数阶层的富裕，最终是乡村居民的共同富裕。乡村社会作为中国典型的熟人社会，人情关系是社会资本的一部分，它能够带来财富的私人转移，即实际的物质资本。经济地位的平等呼吁政治地位及社会地位的平等，也有利于邻里关系的和睦。

产业兴旺、生活富裕和乡风文明共同促进了生态宜居的形成。生态宜居

---

①　索小霞：《乡村振兴战略下的乡土文化价值再认识》，载《贵州社会科学》2018 年第 1 期。

②　王亚华、苏毅清：《乡村振兴——中国农村发展新战略》，载《中央社会主义学院学报》2017 年第 6 期。

是一个动态的过程，是对于农业生态系统以及农村生态系统的修复甚至重建，空气清新、景观怡人、人口密度适宜、城乡交往便捷都是生态宜居的具体要素。在乡村达到一定的富裕程度之后，农民才会产生建设生态农村的诉求，也才有能力将更多资源投入到乡村的生态建设中，从而实现生态宜居的要求。乡风文明建设要以乡土文化的继承与发展为基础，而乡土文化是中国生态文明建设离不开的传统文化基因。中国许多地方的乡土文化不仅有丰富的、系统的、与自然和谐相处的地方性知识，还有在长期的历史发展中形成并被村民们所遵循的生态道德，它作为一种约定俗成的规范，成为在广大农村推行绿色生活方式、进行生态文明建设的文化依据。

乡风文明、治理有效、生态宜居对产业兴旺和生活富裕也起着推动作用。[①] 乡风文明是乡村精神文明建设的重要目标，它离不开对人力资本的投入。同时乡风文明建设为经济发展创造了有利的软环境，有利于诚信、良性竞争等商业观念的培育。规范和完善的乡村治理体系，吸引更多乡村精英为乡村建设服务，新乡贤对乡村事务的参与也有利于当地的经济建设。"绿水青山就是金山银山"，生态宜居有其经济价值。美丽乡村建设对于提高农民文明素质和农村社会文明程度、改善农民居住环境、优化农村投资环境具有十分重要的意义。环境改善后的农村能够通过开发乡村旅游项目，发展与农村特色相适应的第三产业，实现一二三产业融合发展，产业结构优化升级，最终实现经济创收。

新时代实施乡村振兴战略的重点在于产业兴旺，这是发展和繁荣农村经济的必经之路。在我国经济发展已由高速增长阶段迈向高质量发展阶段的背景下，乡村地区应该发展何种产业，应该如何发展产业，是必须重新审视和探讨的问题。一方面思路要拓宽，乡村产业的发展以农业为根基，又不仅仅局限于农业。乡村产业不仅包括物质产品的生产，也包括非物质产品的生产，乡村旅游、互联网＋农业等新产业新业态，都是今后乡村要大力开拓的新领域；另一方面重点要突出，产业兴旺的主体一定是在乡村中与农业农村农民问题相关的产业，要提高资源在乡村产业的利用效率，打破资源由城市单向流向农村的局面，让更多资源流向农村，让社会经济发展的利益更多地留在农村，留给农民，保障农业的基础地位。

产业选择和产业兴旺重在融合发展（张海鹏，2017）。一二三产业融合发展，是拓宽农民增收渠道、构建现代农业产业体系的重要举措，是加快转变农业发展方式、探索中国特色农业现代化道路的必然要求，它为乡村振兴战略的实施提供了产业支撑。只有实现了以农业为主导的乡村产业融合，才能真正完善现代农业产业体系，从而才会有农民的充分就业与收入增加，才

---

① 王亚华、苏毅清：《乡村振兴——中国农村发展新战略》，载《中央社会主义学院学报》2017 年第 6 期。

会有农村经济社会的全面发展。产业选择是产业兴旺的起点，当地有什么区位优势、要发展何种产业、发展该产业的短板在何处、产业发展的主体是谁、要如何有效地发展该产业，都是产业选择必须思考的问题。融合发展是多方面的融合，它包括三次产业的融合、多种生产主体的融合与城乡的融合。首先，通过深化农业供给侧结构性改革，大力发展现代农业、乡村旅游、互联网＋农业等新产业新业态，创新农业经营方式，延长农业生产的产业链，提高农业产品的附加值，培育农村发展新动能，实现一二三产业、上下游产业的融合发展。在这个过程中，要适当利用电商平台整合线上线下生产、流通和销售的强大功能，拓宽产业发展的渠道，同时创新农村金融供给，做好农村产业发展的金融政策、金融知识和金融产品的扶持。其次，通过培育新型农业经营主体，激发包括企业、合作社、家庭等在内的多种生产主体的活力和创造力，实现多种生产主体的融合。生产发展需要科技和人才的支撑，要大力开发农村人才资源，加大农村人力资本投入，培育新型职业农民，建设农业人才队伍；要建立人才向农村流动的机制，激励更多优秀人才下乡就业创业。最后，城乡融合重在体现双向流动。要打破城乡资源流动的壁垒，通过产业结构的优化升级促进生产要素报酬的提高，实现要素的双向流动；通过城乡需求结构的升级实现商品的双向销售。要处理好政府与市场的关系，完善城乡一体的制度供给，提供公平竞争的制度环境，同时加强乡村产业发展的市场建设，促进乡村产业的品牌形成。

五、结　语

乡村振兴战略根植于中国城乡经济社会发展的实践，是在新时代背景下对城乡关系的再认知，是从城乡经济社会一体化到城乡发展一体化，再到城乡融合发展的理论推进。它作为决胜全面建成小康社会、全面建设社会主义现代化强国的七大战略之一，有其深远的时代含义。从近期来看，解决"三农"问题是实现全面小康的关键，决胜全面小康当然需要振兴乡村；从长远来看，乡村振兴战略是引导、支持城市资本下乡，推进农业农村现代化的根本途径。40年前中国的改革开放从乡村开始，如今，站在新时代的历史起点上，改革从目前经济社会发展的短板、也是发展潜力最大的乡村再次发力。对乡村振兴战略的理论逻辑和科学内涵的深刻把握必将能够指导中国农业农村的发展实践，乡村振兴战略的持续深入推进必将加快从农业大国向农业强国转化的进程，必将为全面建成小康社会奠定坚实的基础，并为实现中华民族伟大复兴的中国梦注入强大动力。

参 考 文 献

［1］吴丰华、白永秀：《城乡发展一体化：战略特征、战略内容、战略目标》，载

《学术月刊》2013 年第 4 期。

[2] 吴丰华、韩文龙：《改革开放四十年的城乡关系：历史脉络、阶段特征和未来展望》，载《学术月刊》2018 年第 4 期。

[3] 叶兴庆：《新时代中国乡村振兴战略论纲》，载《改革》2018 年第 1 期。

[4] 段雪珊、黄祥祥：《乡村振兴：战略定位与路径探索——第二届中国县域治理高层论坛会议综述》，载《社会主义研究》2018 年第 1 期。

[5] 姜德波、彭程：《城市化进程中的乡村衰落现象：成因及治理——"乡村振兴战略"实施视角的分析》，载《南京审计大学学报》2018 年第 1 期。

[6] 刘合光：《乡村振兴的战略关键点及其路径》，载《中国国情国力》2017 年第 12 期。

[7] 张强、张怀超、刘占芳：《乡村振兴：从衰落走向复兴的战略选择》，载《经济与管理》2018 年第 1 期。

[8] 张军：《乡村价值定位与乡村振兴》，载《中国农村经济》2018 年第 1 期。

[9] 廖彩荣、陈美球：《乡村振兴战略的理论逻辑、科学内涵与实现路径》，载《农林经济管理学报》2017 年第 16 期。

[10] 王亚华、苏毅清：《乡村振兴——中国农村发展新战略》，载《中央社会主义学院学报》，2017 年第 6 期。

[11] 熊小林：《聚焦乡村振兴战略 探讨农业农村现代化方略——"乡村振兴战略研讨会"会议综述》，载《中国农村经济》2018 年第 1 期。

[12] 姜长云：《实施乡村振兴战略需努力规避几种倾向》，载《农业经济问题》2018 年第 1 期。

[13] 刘彦随：《中国新时代城乡融合与乡村振兴》，载《地理学报》2018 年第 4 期。

[14] 索小霞：《乡村振兴战略下的乡土文化价值再认识》，载《贵州社会科学》2018 年第 1 期。

Revitalization of China's Rural Areas in the New Era: Historical Origins and Implementation Focus

Wu Fenghua　Li Min

（Economics and Management college of Northwestern
University School, Xian, 710069）

Abstract：The rural revitalization strategy is a major strategy for China to promote urban and rural integration and development of a socialist modern economic system in the new era, and is an indispensable part of realizing the Chinese dream. The proposal of rural revitalization has a long history and historical origins. It is based on the profound understanding of the relationship between the government and the rural and rural areas in China in various periods. It covers the essence of the party's rural strategic thinking in various historical periods and also gives rural development. The new goals and new content of "prosperous industry, ecological livability, rural civilization, effective governance, and affluent life", among which, industrial prosperity is the focus of the current rural revitalization strategy.

Keywords：Rural Revitalization　Industrial Prosperity　Urban-rural Integration　New Era

中国扶贫取得成就的内在逻辑与世界意义[*]

张海鹏[**]

（¹南开大学经济研究所和南开大学政治经济学研究中心，
²中国特色社会主义经济建设协同创新中心，天津 300071）

【摘要】 改革开放40年来，我国扶贫事业取得的巨大成就主要得益于经济发展、制度保障和科学理论指导三个关键因素。其中，我国的扶贫理论是在马克思主义基本理论指导下形成的，特别是在习近平新时代中国特色社会主义理论指导下有了新的发展。运用创新、协调、绿色、开放、共享五大发展理念的理论，可以对我国扶贫机制的改革与创新、扶贫帮扶格局的构建、扶贫产业帮扶的新举措、扶贫能力的深度开发、扶贫制度的保障能力等方面进行分析。我国在扶贫领域所形成的经验和理论，不仅造福于中国人民，而且可以为世界其他国家提供可借鉴的中国样本和中国方案。

【关键词】 扶贫 扶贫理论 新发展理念 世界意义

一、中国扶贫取得巨大成就的内在逻辑

改革开放40年来，我国的减贫事业取得了显著成效，贫困人口数量大幅减少。以2010年贫困标准来看，贫困人口从1978年的7.7亿人，下降到2017年3046万人（如图1所示）。到2020年我国将实现现行标准下农村贫困人口脱贫，贫困县全部摘帽，解决区域性整体贫困问题。当然，在现行标准下实现脱贫绝不是发展的最终目标，将来随着贫困标准的调整和扶贫投入的增长，低收入群体的生产生活水平也将会在更高水平上不断得到提升。

我国扶贫取得巨大成就的背后，一定有值得研究的内在逻辑。国内对此已有不少研究，其中，汪三贵（2008）研究认为，我国大规模减贫的主要推动力量是经济增长，特别是农业和农村经济的持续增长①。贺雪峰（2018）认为，经济发展、开发扶贫、社会保障构成我国取得反贫困决定性胜利的宏

---

* 基金资助：中国特色社会主义经济建设协同创新中心。

** 张海鹏，南开大学经济研究所和南开大学政治经济学研究中心副研究员，中国特色社会主义经济建设协同创新中心研究员，E-mail：haipeng@nankai.edu.cn。

① 汪三贵：《在发展中战胜贫困——对中国30年大规模减贫经验的总结与评价》，载《管理世界》2008年第11期。

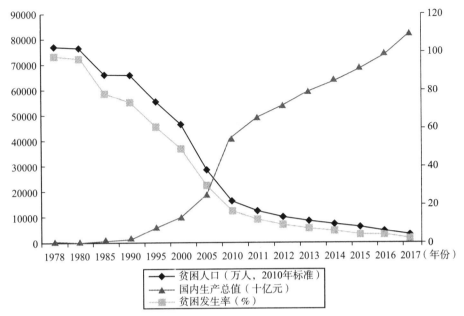

图1　经济增长与我国现有标准下的贫困状况（1978～2017 年）

资料来源：国内生产总值数据来自国家统计网站的国家数据，http://data. stats. gov. cn/
easyquery. htm？cn = C01；贫困状况数据来自中华人民共和国国务院新闻办公室：中国的减贫行动与人
权进步，人民日报，2016 年 10 月 18 日第 15 版和国家统计局提供数据，http://www. stats. gov. cn/tjsj/
zxfb/201802/t20180201_1579703. html。

观、中观和微观制度与政策体系①。

　　总体上看，我国扶贫之所以能够取得巨大成就主要得益于经济发展、制
度保障和科学理论指导三个关键因素。

　　第一，我国减贫事业取得巨大成就是在经济快速发展的背景下取得的，
而经济快速发展是大量贫困人口快速摆脱贫困的经济基础。这是因为，虽然
造成贫困的原因并非单一经济因素，而是多维因素，比如因病、因残、因
学、因灾、缺劳力、缺技术、缺发展资金、缺土地、缺水、交通条件落后、
自身发展动力不足，等等②。但是，摆脱贫困的关键在于经济增长和经济发
展带动，贫困人口通过发展生产、获得就业岗位等方式摆脱贫困，或者是经
济发展带来的财政兜底保障能力增强，从而能够帮扶缺少劳动能力的贫困人
口提高生产生活水平，摆脱贫困状态。

　　第二，经济快速发展并不一定能够自动实现贫困人口脱贫，我国社会主
义制度和经济体制优势是确保经济快速发展背景下，贫困人口能够快速摆脱
贫困的制度保障。关于经济增长或经济发展与减贫的关系，无论在理论上，

---

　　①　贺雪峰：《中国农村反贫困战略中的扶贫政策与社会保障政策》，载《武汉大学学报（哲学
社会科学版）》2018 年第 3 期。

　　②　张海鹏：《统筹单一与多维标准助力精准扶贫》，载《中国社会科学报》2018 年 3 月 7 日。

还是国内外扶贫实践中，都表明经济增长和经济发展对于减贫效果具有正向作用。但是，各国在不同发展阶段、不同经济增长结构以及不同的经济体制和收入分配格局下，减贫效果差别很大。改革开放40年来，在我国经济发展过程中，有不少劳动密集型产业有助于农村劳动力转移，由此带动大量农村人口通过外出务工摆脱贫困。但是，随着经济发展水平提升和经济结构调整升级，如何确保经济发展成果惠及更多的贫困人口，必须给予高度重视。除了政府主体外，其他外部经济主体并非天然具备帮扶贫困人口的主动性①。关于经济增长、收入分配与减贫效应的关系，有学者研究认为，收入分配对贫困发生率的影响不如经济增长，但对贫困深度和强度的影响非常敏感，特别是在贫困发生率降低到一定程度和经济增长的边际效应开始下降时，改善收入分配对缓解贫困作用较明显②。也有学者指出，中国未来减贫面临的最大挑战是不平等程度的上升将导致经济增长的减贫效应下降③。关于减贫过程中的制度优势，习近平总书记指出："消除贫困、改善民生、实现共同富裕，是社会主义的本质要求，是我们党的重要使命。"因此，要让经济发展成果惠及更多的贫困人口，需要借助政府的力量，特别是我国作为社会主义国家的政府，既有责任也有义务，既有制度要求也有执行能力，在经济发展过程中帮助贫困群众尽快摆脱贫困，走向共同富裕。

　　第三，经济发展和制度保障之所以能够在脱贫攻坚中发挥应有的积极作用，归根结底在于有科学的扶贫理论为指导。这一科学的扶贫理论形成和运用，得益于我国长期以来坚持以马克思主义基本理论为指导。在马克思主义基本理论指导下，结合中国的具体实践，逐渐形成了符合中国实际、具有中国特色的扶贫理论。事实上，不仅扶贫理论如此，中国整个改革开放进程也是在马克思主义基本原理与中国实际相结合这一方法论的指导下形成的中国特色社会主义政治经济学理论指导下进行的。逄锦聚（2018）指出，我国改革开放取得成功的秘诀在于，改革开放的实践推动了中国特色社会主义政治经济学理论的形成，中国特色社会主义政治经济学理论为改革开放实践提供理论指导④。

二、中国扶贫理论的形成、发展与运用

　　改革开放以来，我国扶贫成就的取得离不开中国特色社会主义扶贫理论

---

　　①　张海鹏：《制度优势、市场导向与产业扶贫》，载《社会科学战线》2018年第6期。

　　②　盛来运：《经济增长和收入分配对农村贫困变动的影响》，载《中国农村观察》1997年第6期。

　　③　汪三贵：《在发展中战胜贫困——对中国30年大规模减贫经验的总结与评价》，载《管理世界》2008年第11期。

　　④　逄锦聚：《改革开放与中国特色社会主义政治经济学的创立和发展》，载《光明日报》2018年7月31日。

的指导。这一扶贫理论是在改革开放 40 年以来的扶贫实践中形成的，也随着扶贫实践的发展而不断发展完善。虽然扶贫理论来自扶贫实践，但是扶贫实践并不能自动产生扶贫理论。中国特色社会主义扶贫理论是在马克思主义基本理论指导下形成的，特别是在习近平新时代中国特色社会主义理论指导下有了更进一步的发展。当前，关于创新、协调、绿色、开放、共享五大发展理念的理论既可以用来研究我国扶贫实践的历史发展过程，也可以用来进一步指导我国的扶贫实践，进一步发展和完善中国特色扶贫理论。

（一）创新发展理念与我国扶贫机制改革与创新

创新是发展的内在要求和发展过程的具体表现。在改革开放 40 年来的发展过程中，创新体现在扶贫过程的方方面面。比如，在设立专门的扶贫机构方面。1979 年通过的《中共中央关于加快农业发展若干问题的决定》提出，国务院要设立一个专门委员会，统筹规划和组织力量，从财政、物资和技术上对贫困地区进行帮扶。1986 年国务院扶贫开发领导小组正式成立，下设办公室，负责办理日常工作。再比如，在重新设定新的扶贫标准方面。中国的扶贫标准从 1986 年年人均收入 206 元，提高到 2008 年的 1196 元，再到 2011 年的 2300 元。每次提高贫困标准，一方面意味着有更多的贫困人口将得到帮扶，另一方面意味着国家贫困帮扶能力的增强。还比如，在扶贫瞄准、扶贫理念等方面，新时代更强调精准扶贫，由瞄准贫困地区变为直接针对贫困人口，精准施策到户、到人。强调扶持对象精准、项目安排精准、资金使用精准、措施到户精准、因村派人精准、脱贫成效精准。总体上看，扶贫机构、扶贫标准、扶贫理念等方面创新的背后，是马克思主义基本原理在扶贫方面的具体应用，是我国生产力发展水平的持续提升和人民群众特别是贫困群众对美好生活需要调整变化的内在要求。随着扶贫实践的发展，我国仍将要持续创新与改革扶贫机制，以适应和引领扶贫实践的发展。

（二）协调发展理念与我国扶贫帮扶格局的构建

协调是平衡发展的必然要求。改革开放 40 年来，我国经济社会整体呈现良好发展态势，但是，在城乡、区域、经济社会、人与自然发展等方面仍然存在发展不够协调，结构不够合理，利益关系难以理顺等问题。发展不协调会导致诸多问题，在贫困方面主要表现为农村特别是西部农村地区仍存在不少贫困人口，贫困地区在基础设施、医疗、教育等基本公共服务方面较为落后，难以打破现有发展困境，仍然存在商品经济、市场经济发展滞后等问题。在协调发展理念指导下，为了摆脱贫困地区和贫困人口发展与发达地区和富裕人口发展之间的不协调性，在扶贫帮扶格局上，就要打破利益固化、各自为政的发展模式，在脱贫攻坚上要动员和凝聚全社会力量广泛参与。要坚持专项扶贫、行业扶贫、社会扶贫等多方力量、多种举措有机结合和互为支撑的"三位一体"大扶贫格局①。目前，我国提出了要健全东西部协作、党政机关定点扶贫机制，鼓励支持各类企业、社会组织、个人参与脱贫攻坚。从短期看，帮扶主体需要舍弃一些眼前利益，但从长期看、从战略全局看，则可以实现贫困人口和帮扶主体共赢的结果。因为帮助贫困人口实现脱贫，逐步实现共同富裕，有利于社会和谐稳定，有利于扩大内需，有利于市场供给能力的增强，最终有利于国家整体经济的长期健康平稳发展。

（三）绿色发展理念与我国扶贫产业帮扶新举措

绿色发展是生态文明建设的必然要求，也是实现人民对美好生活向往的现实需要。在扶贫领域，树立和运用绿色发展理念同样至关重要。从我国贫困地区的现实发展条件看，有些地处绿水青山之中，有些地处土地贫瘠生态脆弱之地，无论是哪种情况都需要正确对待和认识绿色发展或者说生态因素在发展过程中的作用和意义。运用好绿色发展理念，既能够为地处绿水青山之中的贫困地区提供产业帮扶新举措，也能够为地处生态脆弱的贫困地区提供摆脱贫困的新途径。具体来说：第一，对于生态环境良好的贫困地区而言，要深刻认识和运用好绿水青山就是金山银山的绿色发展理念，着力通过发展旅游业、有机农产品种植和加工业、农村电商等绿色产业，帮助贫困人口摆脱贫困。这一思路在当前之所以是可行的：一方面因为我国有不少贫困地区属于革命老区、少数民族地区，这些地区有发展上述绿色产业的现实物质条件，比如沂蒙山区、贵州苗族聚居区，通过有序开发和稳步发展可以提供相应的供给；另一方面是因为当前人民群众对传统文化、红色文化以及少数民族文化民俗等方面非常关注，对于绿色有机无公害农产品需求日益增长，并且有较大市场空间容纳贫困地区的有效供给。第二，对于生态环境脆弱的贫困地区而言，贫困人口可以在国家财政帮扶下，通过异地扶贫搬迁或者提供生态养护就业岗位的方式进行帮扶。第三，除了以上两种情形，即使对于一般的贫困户而言，在绿色发展理念指导下，也可以为贫困户找到新的帮扶举措。比如，一些贫困地区可以发展光伏、风电等绿色能源产业，帮助和带动贫困户脱贫。

（四）开放发展理念与我国扶贫能力的深度开发

开放是现代经济社会运行的基本特征。随着对经济社会发展规律认识的不断深入，人们已经在思想上认识到开放是当今时代发展的主要趋势。随着我国互联网、交通物流等基础设施的快速建设和完善，经济体内部以及经济体之间具备了实现广泛联系的现实基础。我国改革开放的实践表明，改革开

---

① 刘永富：《脱贫攻坚的科学指引和行动指南——深入学习领会习近平总书记关于扶贫工作的重要论述》，载《求是》2018 年第 16 期。

放能让国家发展更有活力，中国开放的大门只会越开越大。在扶贫领域，开放发展的理念也需要贯穿扶贫开发的全过程。开放发展理念将影响我国能否进一步提升扶贫能力和水平，这是因为：第一，随着扶贫工作的不断深入，无论是帮扶经济主体，还是贫困户自身都需要进一步解放思想，做到思想开放。只有解放思想，扶贫思路才能更好地涌现，"等靠要"的消极思想才能消除。第二，思想的开放，将有利于市场的开放和开发。市场开放在扶贫过程中主要是指贫困地区产业发展带动方面，要鼓励和引导更多的社会经济主体参与进来，在风险可控的前提下，探索多种扶贫模式。在贫困地区，一些地方并非缺乏发展的资源，而是缺少将资源转化为收入的能力。通过对现有资源的产业化、市场化运作，特别是以市场的开发和开放为引领，可以帮助和带动贫困人口逐步摆脱贫困。第三，市场的开放，将带来人流、物流、资金流和信息流的流动和互动交融，由此为贫困地区经济社会发展注入活力。

（五）共享发展理念与我国扶贫制度的保障能力

共享发展是实现经济社会和谐发展的内在要求，更是社会主义制度的本质要求。在我国社会主义市场经济体制下，我国有着实现共享发展的制度优势和体制优势。在扶贫方面，共享发展的理念同样需要贯彻脱贫攻坚的全过程。在扶贫过程中，各参与主体既要考虑自身的利益，更要首先着眼于对贫困户的帮扶。我国特有的社会主义制度优势能够总揽全局，调动一切可以借助的力量对贫困地区、贫困人口开展精准帮扶。比如，农村通过发展集体经济的方式，通过龙头企业带贫模式、通过政府财政转移支付、信贷贴息等方式，让贫困人口能够共享发展成果。

三、中国扶贫基本经验与理论的世界意义

首先，中国扶贫的基本经验与理论。回顾中国改革开放 40 年来的扶贫历程和取得的巨大成就可以看出，中国扶贫的基本经验可以简要概括为：科学的理论指导与高效的执行能力。具体来讲：第一，科学的扶贫理论的形成，在于坚持马克思主义为指导，特别是坚持以马克思主义中国化的最新理论成果为指导，在扶贫实践中不断发现问题、总结经验，及时提炼、发展和完善扶贫理论。坚持用不断发展的扶贫理论指导不断发展的扶贫实践过程。当前，习近平扶贫思想和扶贫理论是马克思主义中国化最新理论成果的重要组成部分，是指导中国脱贫攻坚的基本理论。我国扶贫理论在形成过程中，还注重吸收理论界的研究成果，不断发展和完善扶贫理论。比如，盛来运（1997）提出要转变以贫困地区区域开发为主导的扶贫战略，向以所有贫困人口为开发对象、以政府干预和市场调节相结合为开发机制、在继续强调区

域开发和经济增长的同时注意运用收入分配机制的全方位的扶贫战略转型①。林毅夫（2005）曾建议提高贫困标准、在做好"自然资源开发"的基础上，同时侧重"人力资源开发"、实现开发式扶贫和救助式扶贫的有效结合、建立合理的信贷扶贫体制②。这些研究成果已经体现在当前的扶贫理论之中。第二，科学的扶贫理论能够在我国很好地付诸实施，在于我国政府具有高效的执行能力。这一执行能力，得益于我国社会主义所具备的政治优势和制度优势。关于中国脱贫攻坚的成功经验，习近平总书记将其概括为：加强领导是根本，把握精准是要义，增加投入是保障，各方参与是合力，群众参与是基础③。这些经验既来自扶贫实践，也正指导着中国扶贫实践不断取得新的成就。

其次，中国扶贫经验与理论的世界意义。中国作为最大的发展中国家，在扶贫领域所形成的经验和理论，不仅造福于中国人民，而且可以为世界其他国家特别是不发达国家解决好贫困问题提供可借鉴的中国样本和中国方案。习近平指出，消除贫困是人类的共同使命。消除贫困依然是当今世界面临的最大全球性挑战。我们要致力于合作共赢，推动建设人类命运共同体，着力推动建立以合作共赢为核心的新型国际减贫交流合作关系，帮助各发展中国家把资源优势转化为发展优势④。联合国秘书长古特雷斯也曾指出："精准减贫方略是帮助贫困人口实现《2030 年可持续发展议程》宏伟目标的唯一途径。中国已实现数亿人脱贫，中国的经验可以为其他发展中国家提供有益借鉴"⑤。需要说明的是，中国的扶贫经验和理论主要是基于中国国情和扶贫实践基础上形成的，因此，这一扶贫经验和理论在应用过程中，要将中国特色扶贫理论中一般和特殊区分开来，将其中的一般性理论应用于各个国家的扶贫实践。这就需要其他国家全面准确地把握中国扶贫实践中所形成的习近平扶贫思想和精准扶贫理论，比如，要始终将人民利益摆在至关重要的位置，要正确处理扶贫过程中政府与市场的关系、企业与贫困户的利益联结机制和利益关系等方面。

当然，中国的扶贫实践仍在继续，扶贫理论也在不断发展完善过程中，仍然存在一些需要进一步解决的问题。比如，需要进一步研究如何摆脱扶贫过程中过于依赖政府投入，如何加快形成多方共建的扶贫利益共同体等问题。另外，中国的扶贫过程也需要主动借鉴其他国家好的经验和做法，并将

---

① 盛来运：《经济增长和收入分配对农村贫困变动的影响》，载《中国农村观察》1997 年第 6 期。

② 林毅夫：《关于我国扶贫政策的几点建议》，载《发展》2005 年第 7 期。

③ 刘永富：《不忘初心坚决打赢脱贫攻坚战——党的十八大以来脱贫攻坚的成就与经验》，载《求是》2017 年第 11 期。

④ 《消除贫困是人类的共同使命》，新华网 2015 年 10 月 16 日。

⑤ 刘永富：《脱贫攻坚的科学指引和行动指南——深入学习领会习近平总书记关于扶贫工作的重要论述》，载《求是》2018 年第 16 期。

其与中国的扶贫实践有机结合，帮助低收入群体尽快摆脱贫困，走向共同富裕的道路。

参 考 文 献

［1］汪三贵：《在发展中战胜贫困——对中国 30 年大规模减贫经验的总结与评价》，载《管理世界》2008 年第 11 期。

［2］贺雪峰：《中国农村反贫困战略中的扶贫政策与社会保障政策》，载《武汉大学学报（哲学社会科学版）》2018 年第 3 期。

［3］张海鹏：《统筹单一与多维标准助力精准扶贫》，载《中国社会科学报》2018 年 3 月 7 日。

［4］张海鹏：《制度优势、市场导向与产业扶贫》，载《社会科学战线》2018 年第 6 期。

［5］盛来运：《经济增长和收入分配对农村贫困变动的影响》，载《中国农村观察》1997 年第 6 期。

［6］汪三贵：《在发展中战胜贫困——对中国 30 年大规模减贫经验的总结与评价》，载《管理世界》2008 年第 11 期。

［7］逄锦聚：《改革开放与中国特色社会主义政治经济学的创立和发展》，载《光明日报》2018 年 7 月 31 日。

［8］刘永富：《脱贫攻坚的科学指引和行动指南——深入学习领会习近平总书记关于扶贫工作的重要论述》，载《求是》2018 年第 16 期。

［9］盛来运：《经济增长和收入分配对农村贫困变动的影响》，载《中国农村观察》1997 年第 6 期。

［10］林毅夫：《关于我国扶贫政策的几点建议》，载《发展》2005 年第 7 期。

［11］刘永富：《不忘初心坚决打赢脱贫攻坚战——党的十八大以来脱贫攻坚的成就与经验》，载《求是》2017 年第 11 期。

［12］《消除贫困是人类的共同使命》，新华网 2015 年 10 月 16 日。

［13］刘永富：《脱贫攻坚的科学指引和行动指南——深入学习领会习近平总书记关于扶贫工作的重要论述》，载《求是》2018 年第 16 期。

The Inner Logic and World Significance of China's Achievements in Poverty Alleviation

Zhang Haipeng

（Nankai University, Tianjin, 300071）

Abstract: In the past 40 years of reform and opening up, China's great achievements in poverty alleviation have benefited mainly from three key factors: economic development, institutional guarantee and scientific theoretical guidance. Among them, China's poverty alleviation theory was formed under the guidance of the basic theory of Marxism, especially under the guidance of Xi Jinping's new era of socialism with Chinese characteristics. Applying theories of innovation, coordination, green, openness, and sharing of the five development concepts. We can analyze the reform and innovation of China's poverty alleviation mechanism, the construction of poverty alleviation pattern, the new measures of poverty alleviation industry assistance, the deep development of poverty alleviation capacity, and the support ability of poverty alleviation system. The experience and theory formed by China in the field of poverty alleviation not only benefits the Chinese people, but also provides Chinese samples and Chinese programs for other countries in the world.

Keywords: Poverty Alleviation　Poverty Alleviation Theory　New Development Concept World Significance

改革开放 40 年农村集体经济发展的意蕴、历程与启示[*]

王　丰[**]

（西南大学马克思主义学院，重庆　400715）

【摘要】 改革开放 40 年来，农村改革的主线之一便是处理好统分结合的农业经营制度，发展壮大集体经济。从改革开放 40 年的历史动态中考察农村集体经济的发展，就能洞察其丰富的内涵意蕴，即它是由改革开放之初就确定历史方位的，彰显中国特色社会主义性质的各种集体发展模式的总称。农村集体经济发展的实践经历了四个阶段，即：农村集体经济的初步振兴、农村集体组织的基层治理、农村集体经济的艰难探索和新时代中国特色社会主义农村集体经济全面复兴；由此形成了四条改革的基本经验，即：正确把握了统分结合经营的改革规律、树立了以农民为中心的改革理念、完善了农村基层组织的治理体系、探究了农村集体经济实现的多种形式。

【关键词】 改革开放 40 年　农村集体经济　内涵意蕴　实践阶段　基本经验

改革开放 40 年以来，农村经济社会建设发展取得了巨大成就。农业连年丰收，粮食产量曾实现十二年增，2017 年总产量达 12358 亿斤，属历史第二高产年；农民收入持续提高，1978～2016 年农户农业经营收入年均增长率达到 10.06%，工资性收入年均增长高达 18.02%；农村生态环境向好，社会保持和谐稳定，医疗、社保、文化和基础设施得到极大改善。在此背景下，十九大报告提出实施乡村振兴战略，明确强调要搞活农村集体财产，提高农业农村各类资源要素的配置和利用效率，多途径发展、壮大集体经济。这充分表明在农村改革取得、甚至超过国家其他事业取得的历史性成就的同时，仍然存在着某些亟待解决的问题，其中就包括在新时代如何加强农村集体经济的问题。这个问题处理不好，就会在一定程度上影响农村改革的成就和未来改革的进程。因此，改革开放 40 年来，推进和处理好农村集体经济发展一直是农村不断深化改革的基础和关键。

---

[*] 基金项目：国家社会科学基金青年项目"当代资本主义剩余价值生产与分割的新变化研究"（编号：17CKS028）

[**] 王丰，男，（1982～），汉族，四川省遂宁市人，西南大学马克思主义学院副教授、硕士研究生导师，博士，研究方向为政治经济学。

一、改革开放40年农村集体经济的内涵意蕴

改革开放以后，做好集体经济和小农经营的结合，处理好集体经济与资本化农业的关系，一直是我国农业农村持续发展的前提。即便是当前，"脱贫攻坚"作为实现"第一个百年"奋斗目标的重点任务，也必须要依赖农村集体经济的发展，以着力解决"脱贫攻坚"的短板，即农村、农业、农民问题。如果没有集体经济的壮大支撑，也绝无可能有效地实现新时代乡村振兴战略所提出的"产业兴旺、生态宜居、乡村文明、治理有效、生活富裕"的总要求，加快推进农业农村现代化。可见，加强农村集体经济的发展贯穿于改革开放40年以来的乡村发展、振兴以及整个国家现代化进程中。

（一）改革开放之初的"两次飞跃"论确定了农村集体经济发展的历史方位

1978年党的十一届三中全会后，邓小平在总结新中国成立后农业发展经验教训的基础上，提出了解决中国农业问题的"两次飞跃"思想，以家庭联产承包为主的农业生产责任制在全国农村得到普遍确立，实现了中国特色农业现代化的"第一次飞跃"。按照邓小平的说法，这不是他的发明，而是农民群众的创造。随之发生变化的是粮食由"买难"变为"卖难"。农民获得了支配劳动时间、安排农作物和发展家庭经济特别是发展商品经济的自由权，专业户的出现加深了农村社会分工，推进了农村市场化。中国农业农村发展的"第二次飞跃"就是探寻适合于中国农业现代化道路的集体经济新形式，即"适应科学种田和生产社会化的需要，发展适度规模经营，发展集体经济。这又是一个很大的前进，当然，这是一个漫长过程。"①

改革开放之初，"两次飞跃"论有力地推动了农业农村发展的一次范式转换，实现农业农村经济发展由计划走向市场，但是又明确了农村市场化改革，不是彻底的市场化、盲目的资本化，既强调家庭经营"分"的一面，也强调集体"统"的一面；既强调调动小农经营积极性，也强调适度规模经营；既强调解放农业农村生产力，也强调农业农村生产关系的重要性；明确了公有制、集体经济依然是未来农业农村经济发展方向，中国农村改革、乡村振兴只能是社会主义的农村改革和社会主义的乡村振兴。"历史告诉我们。中国走资本主义道路不行，中国除了走社会主义道路没有别的道路可走。"②"只有社会主义才能救中国，只有社会主义才能发展中国。"③ 1987年2月，

---

① 《邓小平文选》（第3卷），人民出版社1993年版。
② 《邓小平文选》（第3卷），人民出版社1993年版，第206页。
③ 《邓小平文选》（第3卷），人民出版社1993年版，第311页。

邓小平在会见加蓬总统邦戈时说：“我们干四个现代化人们都说好，但……他们只讲四化，不讲社会主义。这就忘记了事物的本质，也就离开了中国的发展道路。这样，关系就大了。在这个问题上我们不能让步。反对资产阶级自由化的斗争将贯穿在实现四化的整个过程中，不仅本世纪内在进行，下个世纪还要继续进行。”①“农业也一样，最终要以公有制为主体。公有制不仅有国有企业那样的全民所有制，农村集体所有制也属于公有制范畴。……农村经济最终还是要实现集体化和集约化。……不向集体化集约化经济发展，农业现代化的实现是不可能的。”② 可以说，坚持农村市场化改革和社会主义集体所有制赋予了农村集体经济确保正确改革方向的历史使命。

（二）坚持完善家庭承包制基础上探索“适度规模经营”

由于邓小平将农业的适度规模经营和发展农村集体经济看作未来“第二次飞跃”的范畴，因此，农村改革序幕拉开后的很长一段时间，人们都把完善家庭联产承包制责任视为改革的核心。这段时期，农村集体经济的发展主要经历了从个别有条件的地方尝试适度规模经营向全国普遍性推行适度规模经营过渡。1990 年 6 月，江泽民在《深化农村改革，提高农业生产力》一文中，指出：“所谓完善，核心是从当地实际情况出发，逐步健全统分结合的双层经营体制，把集体经济的优越性和农民家庭经营的积极性都发挥出来。”③ 1998 年 10 月，党的十五届三中全会作出《中共中央关于农业和农村工作若干重大问题的决定》，则强调了有条件的地方应探索适度规模经营。“土地使用权的合理流转，要坚持自愿、有偿的原则依法进行，不得以任何理由强制农户转让。少数确实具备条件的地方，可以在提高农业集约化程度和群众自愿的基础上，发展多种形式的土地适度规模经营。”④ 2007 年 10 月，胡锦涛在党的十七大报告中再次强调了有条件的地方开展各种形式的适度规模经营。“坚持农村基本经营制度，稳定和完善土地承包关系，按照依法自愿有偿原则，健全土地承包经营权流转市场，有条件的地方可以发展多种形式的适度规模经营。”⑤ 随后，2008 年 10 月，党的十七届三中全会通过《中共中央关于推进农村改革发展若干重大问题的决定》，提出“统一经营要向发展农户联合与合作，形成多元化、多层次、多形式经营服务体系的方向转变，发展集体经济、增强集体组织服务功能”⑥。这一改革决定，有力地将过去个别地区的适度规模经营实践推向全国，拉开了探索发展集体经济各种

---

① 《邓小平思想年谱（1975~1997）》，中央文献出版社 1998 年版，第 376 页。
② 《邓小平年谱（1975~1997）》，中央文献出版社 2004 年版，第 1349 页。
③ 《江泽民论有中国特色社会主义》（专题摘编），中央文献出版社 2002 年版，第 121 页。
④ 《改革开放三十年重要文献选编》，人民出版社 2008 年版，第 984 页。
⑤ 《胡锦涛文选》（第 2 卷），人民出版社 2016 年版，第 631 页。
⑥ 《十七大以来重要文献选编》（上），中央文献出版社 2009 年版，第 674 页。

模式的序幕。

（三）由"适度规模经营"的个别实践向多途径"全面实践集体经济"的转向

自 2012 年党的十八大以来，以习近平同志为核心的中国共产党人，开启了中国特色社会主义建设的新阶段，形成了习近平新时代中国特色社会主义思想。在新的历史阶段，中国共产党将带领人民群众，在坚持承包制的基础上，实施"乡村振兴战略"，不断探索实现农业现代化的新模式，努力实现"第二次飞跃"。2014 年 11 月中央下发了《关于引导农村土地经营权有序流转发展农业适度规模经营的意见》，2016 年底又连续下发了《关于完善农村土地所有权承包权经营权分置办法的意见》《关于稳步推进农村集体产权制度改革的意见》等，都体现了中国特色农业现代化道路正在多途径发展壮大集体经济。

2017 年 10 月，在党的十九大报告中，习近平强调新时代中国特色的农业农村现代化应"按照产业兴旺、生态宜居、乡村文明、治理有效、生活富裕的总要求，建立健全城乡融合发展体制机制和政策体系，加快推进农业农村现代化"[1]。产业兴旺，就是围绕农业发展，依托"农村集体组织"，引导生产要素有序向农业农村流动，形成现代农业产业体系，改革农业供给侧结构，实现高质量、生态化的农业及其三次产业融合发展。生态宜居，要求生态式、现代化的农业生产基础上保护农村资源环境，统筹山水林田湖草保护建设、改善水电路气房讯等基础设施，呈现绿水青山和清新清净的田园风光，这不可能依靠只能借助以"逐利"为主要目的社会工商资本来实现，关键是要以"农村集体经济"为实现生态宜居的根本支撑。乡村文明，也需要依托"农村集体经济"，利用各种资源，促进农村的教育、文化和医疗卫生事业发展，推进文明进步，提升农民综合素质。治理有效，就是加强和创新农村社会治理，建好并利用好"农村集体组织"及其在加强基层民主、法治建设中的作用，构建社会主义农村和谐社会。生活富裕，就是要实现农民收入持续稳定增加，缩小农民内部之间的阶层距离和收入差距，逐渐达到"共同富裕"[2]。所以，习近平在党的十九大报告中，明确了三个要求，即土地承包关系稳定并长久不变、实行"三权分置"、多途径发展壮大集体经济，不断"深化农村集体产权制度改革，保障农民财产权益"[3]。新时代中国特色的农业农村现代化，就是走壮大集体经济的道路，在土地、技术、信息、企业家才能等要素和其他共有资产分别归乡、村、组三级农民集体所有的基础

---

①③　习近平：《决胜全国建成小康社会夺取新时代中国特色社会主义伟大胜利——在中国共产党第十九次全国代表大会上的报告》，人民出版社 2012 年版，第 32 页。

②　王丰：《新时代中国特色农业现代化"第二次飞跃"的逻辑必然及实践模式》，载《经济学家》2018 年第 3 期。

上，采用成员优先、市场决定、集体调节等多种手段配置资源，实行统分结合的经营体制和多元化、多层次、多形式的经营管理方式，按集体经济规则和生产要素相结合的分配方式分享收入的公有制经济，[①] 这是"新时代中国特色社会主义农村集体经济"的基本内涵。

（四）从历史动态中认识改革开放以来农村集体经济发展的意蕴

通过对改革开放 40 年农村集体经济发展的思想脉络溯源考究发现，"两次飞跃"论定位了改革开放以来我国农村集体经济的历史方位；"适度规模经营"理念贯穿于改革开放以来我国农村集体经济的发展主线；"走新时代中国特色社会主义农村集体经济道路"的思想是改革开放以来我国农业农村实现"第二次飞跃"的根本保障，是中国特色社会主义农业农村现代化的归宿。一言以蔽之，从历史动态地考察党有关农村集体经济发展的思想脉络，有助于理解改革开放 40 年农村集体经济发展的内涵意蕴：它是以邓小平"两次飞跃"思想为源泉，以"三个代表"重要思想、科学发展观、习近平新时代中国特色社会主义思想为指导，在坚持和完善家庭联产承包制基础上，通过探索农业适度规模经营的各种形式，不断深化农村集体产权制度改革，以推进农村经济、生态、乡风、治理、生活全面振兴，彰显新时代中国特色社会主义性质的各种集体发展模式的总称。

改革开放以来形成的农村集体经济发展的各种模式，包括正在形成的新时代中国特色社会主义的农村集体经济道路，与经典的集体经济体制（即20世纪 50 年代起始的农业合作化以及随后人民公社的制度安排，"土地集体所有、集体共同劳动、按劳分配"是其经典范式）相比，已经发生了重大变化——土地集体所有不变，农业集体劳动已经被家庭经营替代。改革以来，直到新时代中国特色社会主义农村集体经济所侧重的"统"，不纯粹是意识形态问题，跟早期搞合作化也不是同样的概念，而是务实地解决市场化过程中出现的诸多经济问题，包括农户规模不经济与低效率问题；小生产和大市场的矛盾引发高昂交易费用问题；农户生产能力的低下，包括优质劳动力的"农外"流失、技术与装备的落后以及企业家能力的低下等问题。尤其值得关注的是，进入新的历史阶段后，中国农业农村现代化进程还遭遇了新的挑战，旧有的理论和实践模式已经不能应对，在这种情况下就不得不在"三权分置"的基础上强调"统"。

二、改革开放 40 年农村集体经济发展的实践历程

改革开放 40 年，农村集体经济发展的实践经历了四个阶段，包括农村

---

① 王丰：《新时代中国特色农业现代化"第二次飞跃"的逻辑必然及实践模式》，载《经济学家》2018 年第 3 期。

集体经济的初步振兴时期、农村集体组织的治理强化时期、农村集体经济的艰难探索时期和农村集体经济的全面发展时期。

（一）1978～1987年农村集体经济的初步振兴

1978年改革开放以后，党中央确认了"包产到户、包干到户"都是社会主义集体经济的生产责任制；到1983年，联产承包责任制已迅速在全国农村得到普遍确立，农业生产力快速发展。1980年农业总产值只有2223亿元，1983年增长为2884亿元，1985年达到3873亿元，比上年增长14%。其中种植业产值所占比重，由1984年的58%下降到1985年的49.8%。林、牧、副、渔产值所占比重，由1984年的42%上升到1985年的50.2%。[①] 农民生产积极性被充分调动起来，1983年农户储蓄存款达到300多亿元；农业经营中"分"的一面不断推进，从农业中也分离出大量的富余劳动力。1980～1903年农业分离出来的富余劳动力达3000万人。[②] 农户充足的储蓄、较为富余的劳动力以及撤社建乡为乡镇企业的崛起提供了有利条件。改革开放伊始，由于家庭承包制改革，极大地推进了小农分散经营，因此，乡镇企业作为农村集体经济的实现形式，得到了中央的大力支持。乡镇企业崛起，是这一阶段农村集体经济初步振兴的根本标志。

1984年一号文件鼓励乡村工业发展突破社队界限，鼓励自主联合的形式经商办集体企业；1985年、1986年中央一号文件和1987年5号文件，继续放宽对乡镇企业的发展限制，乡镇企业异军突起。1987年，全国乡镇企业发展到1750多万个，比1984年增加了近两倍，总收入达到了4600亿元，比1984年增加了两倍多，纯利润达到405亿元，上缴国家税金220多亿元。由于乡镇企业的快速发展，已成为农村集体经济的支柱，其产值在农村社会总产值中的比重，到1987年首次超过农业总产值，吸纳就业人数也达到了8800万人。1987年，农民人均纯收入比1978年净增收329元，平均每年增加36.5元。农民的年纯收入，来自乡镇企业工资部分达到650亿元，人均得到收入80多元，占农民人均净增部分的25%。乡镇企业的发展，反过来又促进了农业农村的发展。在国家拿不出大量资金的情况下，乡镇企业"以工补农""以工建农"，1978～1987年10年间，仅农村集体企业税后利润用于农业生产的资金达150亿元（不包括税前列支用于补农资金），相当于"六五"期间国家财政用于农业基础建设的拨款。[③] 乡镇企业的发展标志着农村集体经济的初步振兴。

---

① 王丰，蒋永穆：《马克思主义农业现代化思想演进论》，中国农业出版社2015年版，第316页。

② 武国友：《中华人民共和国史（1977～1991）》，人民出版社2010年版，第313～314页。

③ 武国友：《中华人民共和国史（1977～1991）》，人民出版社2010年版，第314～315页。

（二）1987～1998 年农村集体组织的基层治理

与农村集体经济发展紧密相关的是农村集体组织。农村集体组织的有效管理是推动农村集体经济发展的组织保障。家庭承包制度的实施，极大地推动了小农分散经营；但乡镇企业的发展，只是从经济形式上强化了农村集体经济，没有也很难担负政治上强化农村集体组织的职能。因此，当这个阶段的改革开放重心由农村转移到城市，农村改革与前期相比有所减缓、农业经营继续强调"分"的一面时，经济基础必然影响上层建筑，而导致农村基层组织出现了瘫痪、半瘫痪、软弱涣散的局面。此时，党的十三届八中全会通过《中共中央关于进一步加强农业和农村工作的决定》，提出"加强以党支部为核心的村级组织配套建设，是巩固农村社会主义阵地……的组织保证"①。1987 年 11 月，全国人大常委会通过了《中华人民共和国村民委员会组织法（试行）》；1994 年 10 月，中央召开全国农村基层组织建设工作会议，完善了村民选举、村民议事、村务公开、村规民约等制度；1997 年 10 月，中央将村民自治的基本内容，包括民主选举、民主决策、民主管理、民主监督写入了党的十五大报告；1998 年 11 月，全国人大常委会通过了修订后的村委会组织法，将上述村民自治内容以法律条文形式固定下来。1992～1998 年，江泽民还分别在《在武汉主持召开六省农业和农村工作座谈会时的讲话》《在中央农村工作会议上的讲话》《在江西和湖南农村考察时的讲话》《要始终高度重视农业、农村和农民问题》《关于一九九九年经济工作的总体要求》的讲话中，明确要求加强农村基层党的建设。这些举措有效遏制了乡村基层组织不断涣散的局面，一定程度提升了乡村的治理能力。②

（三）1998～2012 年农村集体经济的艰难探索

这一阶段是农村集体经济的艰难探索时期，标志是农业适度规模经营存在着分化，即为了规模经营，在改革实践中，存在着工商资本参与的土地强制流转和农民阶层分化的风险，这实际上是由于农村改革中过度强调市场化以及农业规模经营的资本化，而忽视了农村集体经济在规模经营中的主导作用而导致的问题。换句话说，这种分化导致了两条规模经营的思路，一条是，国内很多地区采取的农业规模经营方式，即工商资本介入下土地强制流转基础上的规模经营；另一条是，少数地区所坚持的走农村集体经济主导下规模经营。在前一种方式中，这一阶段的工商资本大量地进入农业农村，虽然极大地提升了农业综合生产能力，但地方政府有可能因其政治利益和偏好，而缺乏制定相关配套政策对工商资本活动进行监管的动力。工商资本在

---

① 《十三大以来重要文献选编》（下），人民出版社 1993 年版，第 1760 页。
② 王丰：《改革开放四十年乡村发展的历程与经验启示》，载《贵州财经大学学报》2018 年第 5 版。

农业规模经营上便深刻体现出资本的极端趋利性，比如，个别工商资本获得各类惠农资金后，撂荒土地；部分改变"农产品基地"的土地使用性质，修建乡村酒店等。这种农业资本的盲目化，实际已经带来的生态问题和农民阶层分化问题。张红宇表示，"我们的农业劳动生产效率是发达国家平均水平的 2%，是美国农业劳动生产效率的 1%，是世界平均效率的 64%"[1]。姚景源认为，"荷兰只有 22 万农民，2015 年却创造了 820 亿美元的农业出口；中国有 2.2 亿农业劳动力，同期农产品却比荷兰少 110 亿美元，农产品贸易逆差达 400 多亿美元。"[2] 这与资本的逐利性形成了尖锐矛盾，为了缓解矛盾，一方面，盲目的农业资本化只有通过掠夺性地抽取地下水、过度使用化肥农业、无节制损耗土地肥力，才能在国内外比较优势、比较效益严重不利的条件下尽可能地攫取利润，尽管这种利润由于高耗能、高污染的生产方法而收益微薄。在工商资本"碾压"集体经济的"态势"下，依赖化肥、农药、农膜的化工农业已成为我国面临土地资源污染的第一大因素，我国化肥使用量是国际公认安全上限的 1.9 倍。当然，随着国内对"两山思想"的强调，环境生态危机的威胁得到遏制，如 2002～2012 年间，化肥、农膜、农药的使用量年均增长率分别为 3.01%、4.47%、3.25%。[3] 另一方面，农业资本盲目化、彻底市场化所引起的强制农民进行土地流转，也形成了农民阶层分化。2012 年之前，我国农村绝大多数小生产者承包的土地及其生产资料存在着过度资本化，致使较大部分的农民在农业生产中的主体性地位已经丧失，从而在形式上或实际上隶属于资本化农业。据估算，这部分农民约占农民总数的 30%，他们大多数被称为雇佣劳动力，存在着无产化和半无产化风险。其他农民中的一小部分演化为种植大户和专业化。总之，这个阶段农村集体经济发展既取得了一定成就，但也存在着"唯规模经营"所带来的风险，由此形成了新时代中国特色农业农村现代化的三个"挑战"，即城乡、工农发展不平衡通过中介传导机制导致了农业资本盲目化和农民分化，农村发展不充分导致了农村生态环境恶化。

（四）2012 年至今走新时代中国特色社会主义农村集体经济发展道路

党的十八大以来，粮食生产能力登上了新台阶；社会主义新农村建设呈现新面貌，农村居民年人均可支配收入超过 1.2 万元，农民生活质量显著提高。农业农村的新形势，为经济社会发展全局提供了支撑。但是，农民日益增长的美好生活需要和不平衡不充分发展之间的矛盾依然突出，城乡、工农

①　郑新立：《积极发展适度规模经营，推进农业现代化》，载《经济每月谈》2015 年第 3 期。
②　姚景源：《中国农业生产率只有荷兰千分之一 供给侧改革刻不容缓》，载 2017 年第 6 期。
③　数据源自历年《中国农村统计年鉴年份》。

发展不平衡和农村发展不充分就是当前我国最大的发展不平衡和最大的发展不充分，由此形成了上述三个"挑战"，也就是资本盲目化、农民阶层分化和生态恶化。因此，新的历史阶段上，走中国特色农业现代化道路所要求的"产业兴旺"，不能只是资本下乡后的工商资本的"产业兴旺"，而应该是造福于全体农民的"产业兴旺"；所要求的"生态宜居"，不能是忘记"两山"，只关注"青山绿水"，而忽视同样也处于生态环境系统中的农业、农村基本公共设施建设的"生态宜居"；所要求的"乡村文明"不能只是种植大户、家庭农场主教育程度提高，而忘记了小农户中高辍学率的"乡村文明"；所要求的"治理有效"，不能离开农村基层组织，只是省、市、县等地方政府为了政绩而违背农户意愿，实现"政策"推进的各种"治理有效"；所要求的"生活富裕"，不能是农户"阶层分化"后，只是小部分农民的"生活富裕"。利用好新时代中国特色农业农村现代化道路所面临的新特征，避免陷入上述新问题、新挑战，我国只有在坚持承包制的基础上，发展适度规模经营，走壮大集体经济，完善和发展集体组织的道路，努力实现"第二次飞跃"，才能走上"康庄大道"。

　　进入新时代以来，农村改革强化了集体经济发展，并且在壮大集体经济，完善和发展集体组织，推动规模化经营方面，走上了前文已提及的中国特色社会主义农村集体经济发展的新道路，形成了各有特色的发展模式，包括多权合一的纯集体模式①（例如河南南街村）、三位一体的合作模式②（例如山西大寨村、山东西王村）、两权合一的新经典模式③（例如河南刘庄村、山西西沟村）、两权合一的现代模式④（例如上海九星村）和两权分离的混合模式⑤（例如四川崇州市）。⑥ 农村集体经济的壮大，有利于解决农业农村

　　① "多权合一"是指土地等资源和其他公共资产的所有权、经营权、使用权、财产权等的统一；与以前组织形式相比，如人民公社的实现形式是完全不一样的，它与时俱进地增添了新的内容，即村集体创新了经济组织形式，采用"总公司＋分公司"模式来利用农村各种资源和资产进行统一管理和生产，推进规模经营。

　　② "三位一体"即村党委、村委会和村企业集团一体化，即"三块牌子、一套班子"。

　　③ "两权合一"是指在其他产权明晰的基础上，做到所有权和经营权的统一；之所以为"新经典模式"，在于它继承了"传统模式"的集体化思路，并进行适度分权，采用股份制（集体和村民拥有股份），以"集体专业承包经营"的形式利用土地等资源和共有资产，实行适度规模经营，其经营利润归村集体。

　　④ "现代模式"是指在保持"所有权和经营权统一"的条件下，引入现代企业制度，实行职业经理人管理模式。村集体依然掌握集体资源和资产，村企集团聘请职业经理人经营，其特征主要包括，非农产业主导、实施专业化规模化经营、地域限制在城市近郊。

　　⑤ 两权分离的混合模式是当前农村集体经济实现的普遍形式。"两权分离"就是集体所有权和集体经营权的分离，其目的在于解决农村集体经济中，由于农村发展过于依赖"能人"而导致的内部人控制问题。"混合模式"的主要特征包括，一是家庭承包经营为主；二是在自愿的基础上以股份合作制整合承包土地；三是依托集体合作发挥规模效应，通过股份合作发挥组织优势。

　　⑥ 上述 5 种集体经济发展的形式或模式，可参见王丰. 新时代中国特色农业现代化"第二次飞跃"的逻辑必然及实践模式. 经济学家，2018 年第 3 期。

不平衡不充分发展的问题，有助于应对"三大挑战"，推动农村经济社会快速发展。2012～2016年，全社会固定资产投入第一产业的年均增长率达到17.4%，高于全社会固定资产投资年均增速14.5%的速度；2012～2016年，农户农业经营收入年均增长率达到7%、工资性收入年均增长高达9%，2015年工资性收入第一次超过农业经营收入；但是经济的发展，并没有带来环境的污染，党的十八大以来，农村生态环境的恶化得到了遏制，2012～2016年，化肥、农膜、农药的使用量年均增长率分别为1.04%、3%、−0.43%，①我们在上文已经表明，这一数据在2002～2012年间则分别达到了3.01%、4.47%、3.25%。没有全面壮大集体经济，就不可能遏制生态恶化、就不可能快速增加农民收入、也就不可能使得农业开始表现出新兴产业的基础特征。②

三、改革开放40年农村集体经济发展的经验启示

总结改革开放40年农村集体经济发展四个实践阶段的基本经验，可以发现，我国农村改革能够取得举世瞩目的成就，就在于中央正确把握了统分结合的改革思路、树立了以农民为中心的改革理念、强调基层集体组织的治理和探索多种形式的集体经济发展模式。

（一）正确把握了统分结合经营的改革规律

无论是改革开放之初，中央强调"两次飞跃"论以及农业改革的社会主义性质；还是改革开放摸索阶段，强调完善家庭承包制基础上探索多种形式的适度规模经营；以及全面深化改革阶段，强调深化农村集体产权制度改革，壮大集体经济、加强农村基层组织和乡村治理体系；都时刻重视和坚持"统分结合"的、符合中国特色社会主义性质及其发展规律的农业农村生产经营方式。只有处理好、把握好农村经济活动中的统与分的关系及其规律，才能可持续推动农业农村现代化，否则就会出现曲折。例如1998～2012年这个阶段，只是稍有偏离统分结合的改革思路，就产生诸多问题。因为过度的强调"分"的一面，强调过度的"市场化、资本化"，排斥市场以外用于发展农业农村的因素，很难再推动农业、农村的发展，并且造成了农业资本盲目化、农民阶层分化以及生态环境恶化等问题。

（二）树立了以农民为中心的改革理念

改革开放40年，农村改革既依靠农民，又为了农民。壮大农村集体经

---

① 数据根据《中国农村统计年鉴（2003～2013年）》整理而得。
② 王丰：《新时代中国特色农业现代化"第二次飞跃"的逻辑必然及实践模式》，载《经济学家》2018年第3期。

济就是为更好地依靠农民、更好地服务于农民。农村改革正是因为树立了以农民为中心的改革理念，所以必然要求壮大农村集体经济。党的十一届三中全会提出，确定农村发展政策的首要出发点，是充分发挥我国亿万农民的积极性。必须在经济上充分关心农民的物质利益，在政治上切实保障他们的民主权利。农村集体经济发展之所以获得巨大成就，就是坚持了这个正确的出发点。邓小平曾指出，农业本身的问题还得从生产关系上解决，就是要调动农民的积极性。江泽民强调了"在农村开展任何一项工作，实行任何一项政策，都必须首先考虑，是有利于调动还是会挫伤农民的积极性，是维护还是会损害农民的物质利益和民主权利，是解放和发展还是会阻碍农村生产力。这是我们制定农村政策必须坚持的基本准则"。[①] 胡锦涛明确了"以人为本"的发展观，提出要积极培育造就有文化、懂技术、会经营的新型农民。[②] 党的十八届五中全会上，习近平提出了"以人民为中心"的思想，并在党的十九大报告中，对这一重要命题的丰富内涵作了深入阐述。发展农民集体经济、实现乡村振兴就是为了不断满足农民日益增长的美好生活需要，以提升亿万农民的获得感和幸福感。

（三）完善了农村基层组织的治理体系

改革开放 40 年，曾在初期因为过于强调农村市场化、农业资本化、农户个体经营的重要性，而且将它们与集体经济和集体组织的发展对立起来，从而在一段时期内出现了基层组织涣散，基层党的建设弱化的现象。反过来，导致 1988 年之后一段时期农村经济发展滞缓。为了解决这些问题，中央开始强化农村基层党的建设，强化农村思想政治工作和农村社会主义精神文明建设；乡村治理能力水平得到提升，极大地推动了农村各项事业的发展，形成了农业农村发展又一个"黄金期"。党的十八大以来，农业农村现代化的推进又反衬农村基层组织和党建仍然存在薄弱环节，已经不能满足农民日益增长的民主法治需求和乡村社会结构转变的要求，不能满足农村社会和谐、集体经济发展、生态环境改良的要求。因此，党的十九大提出了明确要求，"健全自治、法治、德治相结合的乡村治理体系。培养造就一支懂农业、爱农村、爱农民的'三农'工作队伍。"[③] 改革开放 40 年的实践历程表明，完善以基层党组织为核心的乡村治理体系，才能有利于实现"深化农村集体产权制度改革，保障农民财产权益，壮大集体经济"的奋斗目标。

---

①　《十五大以来重要文献选编》（上），人民出版社 2000 年版，第 527 页。

②　《胡锦涛文选》（第 2 卷），人民出版社 2016 年版，第 418 页。

③　习近平：《决胜全面建成小康社会夺取新时代中国特色社会主义伟大胜利——在中国共产党第十九次全国代表大会上的报告》，人民出版社 2012 年版，第 32 页。

（四）探究了农村集体经济实现的多种形式

改革开放 40 年，农村集体经济围绕着推动农业适度规模经营，尝试了不同的适度规模经营方式，初期以乡镇企业作为发展集体经济的突破口；随后，要求个别地方尝试发展适度规模经营；在改革实践的第三阶段，尝试从产业化经营角度，引入工商资本推进适度规模经营，但其既有可能推动集体经济的发展，又可能受资本逻辑的影响，损害集体经济利益；迈入新时代，开始形成农村集体经济发展的五种模式。发展农村集体经济的前两种模式，即多权合一的纯集体模式和三位一体的合作模式，需要健全"三治结合"（自治、法治、德治）的治理体系、建设坚强有力的基层党组织、培育信念坚定的党员队伍，因此，要求相对较高，只有少部分村庄走这条道路。第三种模式，即两权合一的新经典模式，组织上灵活多样，能够适应市场变化，示范效应强，在当前我国农村物质条件普遍较差的情况下，是大多数农村发展集体经济的较优选项。第四种模式，即两权合一的现代模式，要求村庄地理位置优越，实施非农产业专业化发展，虽然是集体经济发展的选项之一，但难以成为村庄发展的主要方向。前四种集体经济的实现模式依赖"能人"参与，而第五种模式，也就是两权分离的混合模式，能够在缺少"能人"的情况下，提高经营效率，推进规模经营，发展农业生产力；或者破除"能人"参与所导致的负面问题，具有创新性，这种模式要求农民具有一定的市场意识。一言以蔽之，第三种模式、第五种模式及其两者的结合创新，是新时代中国特色农业现代化"第二次飞跃"的重要形式；第四种模式是经济发达地区可以借鉴的集体经济实现形式；第一种模式、第二种模式，是在物质基础和精神要求满足的情况下，未来集体经济的发展方向。[①]

参 考 文 献

［1］王丰：《新时代中国特色农业现代化"第二次飞跃"的逻辑必然及实践模式》，载《经济学家》2018 年第 3 期。

［2］《邓小平文选》（第 3 卷），人民出版社 1993 年版。

［3］《邓小平思想年谱（一九七五～一九九七）》，中央文献出版社 1998 年版。

［4］《邓小平年谱（一九七五～一九九七）》，中央文献出版社 2004 年版。

［5］《江泽民论有中国特色社会主义》（专题摘编），中央文献出版社 2002 年版。

［6］《改革开放三十年重要文献选编》，人民出版社 2008 年版。

［7］《胡锦涛文选》（第 2 卷），人民出版社 2016 年版。

［8］《十七大以来重要文献选编》（上），中央文献出版社 2009 年版。

［9］习近平：《决胜全国建成小康社会夺取新时代中国特色社会主义伟大胜利——

---

① 王丰：《新时代中国特色农业现代化"第二次飞跃"的逻辑必然及实践模式》，载《经济学家》2018 年第 3 期。

在中国共产党第十九次全国代表大会上的报告》，人民出版社 2012 年版。

［10］王丰，蒋永穆：《马克思主义农业现代化思想演进论》，中国农业出版社 2015 年版。

［11］武国友：《中华人民共和国史（1977~1991）》，人民出版社 2010 年版。

［12］《十三大以来重要文献选编》（下），人民出版社 1993 年版。

［13］王丰：《改革开放四十年乡村发展的历程与经验启示》，载《贵州财经大学学报》2018 年第 5 版。

［14］郑新立：《积极发展适度规模经营，推进农业现代化》，载《经济每月谈》2015 年第 3 期。

［15］姚景源：《中国农业生产率只有荷兰千分之一 供给侧改革刻不容缓》，环球时报 2017 - 6 - 3。

［16］《十五大以来重要文献选编》（上），人民出版社 2000 年版。

Implications, Course and Experience of Rural Collective Economic Development in the 40 Years of Reform and Opening up

Wang Feng

(Marxism College of Southwest University, Chongqing, 400715)

Abstract: In the past 40 years of reform and opening up, one of the main lines of rural reform has been to handle the agricultural management system of combination of centralization and decentralization, and develop and strengthen the collective economy. Understanding rural collective economic development from the historical dynamics during the 40 years of reform and opening up will reveal that its theoretical connotation is continuously enriching; that is, its historical orientation is determined from the beginning of reform and opening up, and the general term of various collective development models with Chinese characteristics. it corresponds to the evolution of theoretical connotation, and rural collective economic development has gone through four stages, namely, the preliminary revitalization of rural collective economy, the grass-roots governance of rural collective organization, the difficult exploration of rural collective economy and the overall revival of rural collective economy with Chinese characteristics in the new era. Four basic experiences has been formed, namely, correctly grasping the reform law of combination of centralization and decentralization, establishing a farmer-centered reform philosophy, perfecting the gowernance system of rural grass-roots organizations, and exploring various forms of rural collective economy.

Keywords: 40 Years of Reform and Opening-up　Collective Economy　Theoretical Connotation　Practice Stages　Basic Experiences

过渡时期农业社会主义改造路径及其
对当代农业发展的启示

蒋　敏[*]

（南京财经大学红山学院，南京　210046）

【摘要】1952 年年底，党的第一代中央领导集体提出了"一化三改造"的过渡时期总路线。逐步实现社会主义工业化的同时，通过农业合作化运动，个体小农经济转变为社会主义集体经济，农村生产力有了极大的提高。本文在"生产力—生产方式—生产关系"的范式下，探讨过渡时期农村生产关系变革对农业生产方式演进和生产力进步的引领作用，并结合当前我国农村小农经济的"地权分散化""耕地细碎化"和"规模细小化"等问题，分析过渡时期农业社会主义改造的路径对我国建立以劳动者联合为核心的农业合作社的重要借鉴意义。

【关键词】农业生产方式　生产关系变革　合作社　国际经验

1953 年土地改革基本完成以后，农业中已经产生了新的生产力发展要求。孙晓邨、萧鸿麟、曹锡光（1955）考察土地改革以后农业生产力进步的数据，指出一家一户的耕者有其田的小农生产关系已经不能适合当前生产力发展的要求，甚至成了阻碍的力量，只有代之以互助合作的生产关系才能使生产力得到发展。这是在 1953 年时已经显著出现的客观事实。[①]过渡阶段农业合作社的建立和发展，引领了农业生产方式的变革，从而推动了农业生产力的发展，但也由于激励和监督机制的缺乏，农户生产积极性不足。1978 年开始实施家庭联产承包责任制，释放了农户积极性，但小农生产模式与社会化大分工的矛盾也日益凸显。周绍东、田斌（2017）认为随着科技的日益更新，农户个体经营的生产方式无法发挥出土地的规模效应，严重限制着农业技术进步和农业公共产品有效供给。[②]社会化大分工和生产力的发展，要求农村土地产权重新由分散走向集中，农村生产方式由小农生产走向合作经营。

本文在"生产力—生产方式—生产关系"的分析范式下，认为过渡时期

---

* 蒋敏（1990～），南京财经大学红山学院，研究方向：马克思主义政治经济学，电子邮箱：1210885668@ qq. com。

① 孙晓邨、萧鸿麟、曹锡光：《我国农业的社会主义改造的若干政策的客观依据问题》，载《经济研究》1955 年第 1 期。

② 周绍东、田斌：《从被动适应到主动引领：农地制度改革的政治经济学分析》，载《马克思主义与现实》2017 年第 6 期。

农业的生产关系改造引领了农村生产方式的变革，从而推动了农业生产力的发展，而这一路径对当代中国农业生产方式的变革有着重要的借鉴意义。

一、过渡时期农业社会主义改造的路径

从中观层面看，农业的生产关系变革不是一个孤立的过程，而是在"一化三改造"总路线指导下，与社会主义工业化紧密联系的。农业合作化运动开展的契机很大程度上是由工业化推动的，并由此引领了中观层面生产方式的演进。这里中观层面的生产方式，即是指生产资料和劳动力在不同产业、区域进行组合和搭配的方式。

（一）农业合作化对工业化战略的推进

在我国农业的社会主义改造前，工业发展还不能为农业提供合作化的机械设备和规模生产技术，同时，小农经济的发展也跟不上工业发展的需要。所以毛泽东（1955）在《关于农业合作化问题》中，直接表明了在过渡阶段，关于社会主义制度方面由私有制到公有制的革命和技术方面由手工业生产到大规模现代化机器生产的革命是结合在一起的。[①]农业合作化生产以后，大规模的农业生产需要大量的拖拉机和其他农业机器，也就扩大了对机械及工业产品的需求，合作化为机械化开辟了道路。

工业化战略需要动员足够多的劳动力，农民又占劳动力的多数，过渡阶段前农业生产提供粮食产量少，不能满足工业化对农产品的需求。1952年，我国初级农业生产合作社仅0.4万个，高级合作社仅10个。[②] 农业经过三年恢复，产量超过历史最高水平，但人均产量很低。随着工业扩张，就要求农业进行规模化的生产。1953年起，初级农业生产合作社数量迅速增加。1955年初，初级合作社数量达48万个。到1957年底，全国农村的高级社数量达到75.3万个。[③]在农业生产合作社发展过程中，农业统购统销的实行，推动了我国社会主义工业化的原始资本积累。当时中国工业水平不高，只有将农村个体经济转变为集体所有制经济，才能保证国家低价向农民征购农副产品，并减少征购过程中的矛盾和冲突，为社会主义工业化提供重要的原料和保障。

那么，从工业化的视角来看，对农业进行生产关系变革就有了必然性，这也是国家各部类经济协调发展的要求。这里就牵涉到一个长期争论的问题，即经济落后的国家民主革命胜利后，以怎样的发展顺序和发展形式进行

---

① 毛泽东：《关于农业合作化问题》，人民出版社1955年版，第23页。

② 《中国农业年鉴（1980）》，农业出版社1981年版，第4页。

③ 《当代中国的农业》，当代中国出版社1992年版，第100～102页。

社会主义革命和工业化？按照"生产力—生产关系"的范式分析世界历史发展的经验，必须是生产力高度发展以后，再进行社会主义革命。但是中国在经济落后的情况下，将社会主义工业化和社会主义改造同时并举，在进行社会主义生产关系改造的同时（甚至是先进行生产关系改造），建立了社会主义基本经济制度，再利用社会主义制度的力量发展生产力。

（二）工业化对农业社会主义改造的推动

"工农联盟的新关系和工人阶级在这个联盟中的领导作用，必须在社会主义工业化和农业合作化互相适应的基础上建立和加强起来。"①农业生产合作社实现了农民对土地、农具等生产资料私有权的摒弃，从互助组到初级合作社再到高级社，从松散型合作到土地入股、统一经营，再到生产资料的集体所有制，农业合作化的实现在一定程度上巩固了工农联盟。工业的发展使我国农业有了拖拉机和其他机器的使用，由规模狭小的落后小农经济发展为规模巨大的社会主义农业。

工业化形成的物质和技术力量对农业生产方式变革起到了重要的支援作用，而我国的工业化正是在扩大和加强社会主义生产关系的条件下形成的。经过了社会主义改造，确定了社会主义国营经济在国民经济中的主导和支配地位，短期内形成了中国经济发展的物质技术基础，巩固了工农联盟，从而保障了社会主义改造的顺利进行。

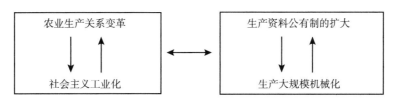

图1　过渡时期农业生产关系变革引领中观层面生产方式演变

过渡时期，农业社会主义改造的路径遵循的是"生产力—生产方式—生产关系"的范式，由初级合作社发展到高级农业生产合作社，基本实现农村生产资料公有制，为国家工业品生产提供了重要的消费市场。同时，工业技术为合作化和农业集体生产提供了物质保障。这为后发国家实现工业化和发展国民经济提供了宝贵经验，也为我国目前农村农地制度以及农村生产关系改造提供了重要的路径借鉴。

---

① 《中国共产党第七届中央委员会第六次全体会议（扩大）关于农业合作化问题的决议》，人民出版社1955年版。

二、我国当前农业生产关系变革的可能性和必要性

大量研究都认为，过渡时期生产关系改造急于求成，使得生产关系走在了生产力发展水平的前面，高级合作社脱离了中国农村实际的生产力水平，加之分配制度的平均主义，导致农民积极性不高，约束了农村经济发展。于是1978年开始，农村实施家庭联产承包责任制。本文认为生产力和生产关系是生产方式中密不可分的两个方面，机械地将两者割裂开讨论生产关系超前问题是没有意义的，这一分析对本文后面部分提出建立农村集体经济组织以提高农业生产力有重要意义。过渡阶段农业的主要问题在于生产资料公有制与无法逾越的商品经济形态之间的不适应问题，解决这种不适应的途径有两种，一是依靠生产力发展逐步超越商品经济形态，二是通过生产关系改造反过来引领生产方式演进。中国共产党领导的人民政权，采取了第二种发展路径，采用社会主义改造引领计划经济体制的构建。

那么，以分田到户的方式取代了集体生产方式，虽然调动了农民的生产积极性，但也只是在小农生产方式的范畴之内提高了农业的生产力水平。随着社会大分工的深化和现代市场经济的发展，家庭联产承包责任制的局限性日益凸显。

（一）我国农业生产关系变革的必要性

党的十九大报告明确提出实施乡村振兴战略，提出深化农村集体产权制度改革，保障农民财产权益，壮大集体经济，并把"构建现代农业产业体系、生产体系、经营体系，完善农业支持保护制度，发展多种形式适度规模经营，培育新型农业经营主体，健全农业社会化服务体系，实现小农户和现代农业发展有机衔接"[①]作为乡村振兴战略的主要措施之一。现代农业的产业体系、生产体系和经营体系的构建，关键在于提升农业的生产力水平。从过渡时期农业社会主义改造的经济史和思想史来看，以生产关系变革引领生产方式的演变，从而推动生产力发展的路径对当前农业的发展有重要的借鉴意义。

家庭联产承包责任制是在农业生产合作社缺少合理的按劳分配运行机制的背景下产生的。农业社会主义改造完成后，计划经济体制极大地提高了生产力水平，也提升了农民的生活水平。根据统计，"1953年按货币计算的平均工资比1950年增加了百分之八十四。农村居民的购买力，1953年比1950

[①]　《习近平：决胜全面建成小康社会 夺取新时代中国特色社会主义伟大胜利——在中国共产党第十九次全国代表大会上的报告》，新华社2017年10月27日。

年增加了百分之七十六。"①但这一条由生产关系引领生产方式变革，从而提高生产力的路径，因按劳分配制度尚未形成科学的劳动量核算方法和监督机制，导致农民缺乏生产积极性。此时，"包产到户"生产方式改变了农民和土地资料的结合方式，激发了农民的积极性。随着农业科学技术的进步，家庭联产承包责任制逐渐显露出小农生产方式的缺陷。"包产到户"从本质上仍然属于自然经济范畴，农户自主生产和个体经营的模式无法发挥出土地的规模效益，严重阻碍了农业科学技术的进步。分散的地权和细碎化的耕地规模，限制了农业公共产品的有效供给，国家产业结构也难以得到有效调整。

家庭联产承包责任制实施以来，农民拥有了和土地相结合方式的自主性，但随着社会大分工的出现和现代市场经济的发展，农民不仅无法分享社会大分工带来的红利，也无法抵御市场缺陷带来的风险，由此产生了农业在产业竞争中逐渐衰落的趋势。本文在回顾过渡时期农业社会主义改造路径的前提下，认为当前我国小农生产的生产关系亟待变革，建立以劳动者联合为核心的农业合作社。

当前我国农业合作社建立和发展的尝试中，由于长期以来我国农村处于劳动力流失状态，农户个体生产和经营未能为农业积累足够的资本，"资本稀缺 + 劳动力流失、分散"的现状导致农业现代化建设需要大量的工商资本，这就使部分地方出现了以资本联合或以大资本为核心的农业合作社。在这一类农业合作社中，资本在生产要素中处于首要地位，在合作社的收益分配中处于主导地位，这就偏离了我国对中国特色社会主义农业合作社发展的要求。资本对于当前农业建设有着重要但不是首要的作用意义，不能忽视也不能敌视，农业合作社的资本困境容易导致资本雇佣劳动的趋势。

（二）我国农业生产关系变革的可能性

从中观生产方式看，农业生产关系变革引领了工业化，社会主义工业化战略也推动了农业社会主义改造。工业化为农业提供了大规模生产所需要的拖拉机以及其他农业生产设备，农业合作社的发展为工业品提供了重要的需求市场。从中国统计年鉴（2017）公布的数据来看，我国工业规模保持较好的发展，为支援和改造农业提供了物质和技术基础（见表1、表2）。

---

① 吴承喜：《生产力与生产关系》，华东人民出版社1954年版，第56～57页。

表1 三次产业和工业行业贡献率 单位：%

年份	第一产业	第二产业	第三产业	工业
2014	4.7	47.8	47.5	39.2
2015	4.6	42.4	52.9	35.4
2016	4.4	37.4	58.2	30.9

资料来源：《中国统计年鉴（2017）》，参照中国统计年鉴的指标，贡献率为三次产业或主要行业增加值增量与GDP增量之比。

近三年数据显示，工业和服务业对GDP增长的推动作用相较于农业来说更为明显。从发达国家发展经验来看，一般在工业发展中后期，工业分工会越来越细化，职工消费水平也随之提高，所以对生产性服务业和生活性服务业的需求不断提升。在这一过程中，由于农业仍然局限于小农生产方式，无法参与社会大分工的产业红利。

表2 按行业分规模以上工业企业主要指标（部分）（2016年）

行业	农副产品加工业	食品制造业	酒、饮料和精制茶制造业	纺织业	通用设备制造业	专用设备制造业	电气机械和器材制造业
企业单位数（个）	26011	9043	6962	19752	23680	17603	23605
资产总计（亿元）	33924.5	15496.83	16761.53	24522.83	43335.59	36841.47	63139.09

资料来源：《中国统计年鉴（2017）》。

我国工业化的总体规模和综合实力较强，从选取的部分工业企业指标来看，以农产品为原材料的工业加工企业规模也日益增大，工业化与信息化深度融合的进程也快速推进，这不仅为农业规模化生产提供了农产品供给市场，也为农业合作化提供了技术保障。由工业化推动的"互联网＋农业"为农业生产方式的变革提供了新的路径，电商技术与农业合作社经营模式的结合，为农产品的销售提供了突破时间和空间范畴的渠道；大数据与农业种植技术的结合，为合作社节省了劳动力成本，提高了土地产出率和资源利用率；信息化机械设备的运用，有利于提高土地的规模效应，节省农业的生产成本。

比较过渡阶段和现阶段我国农业发展的实际情况，小农生产方式都约束了农业生产力的发展和规模化生产。"一化三改造"路线的提出，农业社会主义改造和社会主义工业化战略一起引领了中观生产方式的变革，从而使1956年农业生产力水平相较于1952年有了很大的提高。而现阶段家庭承包的小农生产方式同样也约束了农业规模化生产水平的提升，农村无法大规模地使用农机设备进行生产。已经进行合作社生产和运营的农村集体经济组织，出现了资本雇佣劳动或资本要素占主导的趋势，这就要求我们始终坚持以劳动者联合为核心，在工业和信息化产业发展的推动下，建立社会主义农业合作组织，实现农村生产关系和农业生产方式变革，以提升我国农业发展水平和生产效率。

三、农业合作社发展的国际经验

在我国目前农业合作社建设和发展过程中，由于农村劳动力流失，农业规模化经营需要大量资本投入，"公司 + 农户""公司 + 合作社 + 农户"等多种组织形式导致的多重利益分配问题，造成了多种形式的合作社困境。本文借鉴国外合作社的成功经验，探讨如何在以劳动者联合的合作社基础上，建立行之有效的制度安排。

（一）民主管理与法制约束相结合

从合作社的起源和发展进程来看，合作社基本上是农村弱势群体的联合，但罗虚戴尔公平先锋社①历经 170 多年不衰，坚持着"一切以用户为中心"的经营理念，并在日益发达的市场经济体制中，探索与本国市场经济相适应的合作社组织体系，增强合作社的综合服务能力。1895 年，国际合作社联盟在罗虚戴尔原则②的基础上，修改确立了七项基本章程，包括：（1）自愿和开放的社员资格；（2）社员民主管理；（3）社会经济参与；（4）自治与独立自主；（5）教育培训与宣传；（6）合作社之间的合作；（7）关注社区。合作社的基本原则是合作社组织运行的制度约束，但从罗虚戴尔原则来看，成员自愿入社并自主管理，同时也把自己纳入了合作社法制的范畴。英国合作社联盟在合作社的管理与服务、对合作社的集体保护等方面起着重要的作用，欧美发达国家也出台并不断调整与农业合作社相关的法规制度体系，我国虽然有《农民专业合作法》总则规范合作社的运行，但有关合作社基本的运行机制和监督保护方案尚未涉及。

美国农业合作社实行现代企业的管理机制，包括董事会和股东大会。董事会由社员大会选举产生，拥有合作社的核心权力。合作社的重大事务由社员大会投票决定，每个社员都有投票表决权，坚持一人一票制。日常事务由理事会负责管理。在合作社的日常管理过程中，各组织机构以维护农民利

---

① 1844 年曼彻斯特北部的罗虚戴尔镇的"罗虚戴尔公平先锋社"（the Rochdale Equitable Pioneers Society），最初是由 28 名法兰绒工人组建，是英国合作社走向繁荣昌盛的里程碑。

② 罗虚戴尔原则，是由世界上第一个合作社，即罗虚戴尔公平先锋社确立的，包括：（1）入社自愿；（2）一人一票；（3）现金交易；（4）按市价销售；（5）如实介绍商品，不缺斤短两；（6）按业务交易量分配利润；（7）重视对社员的教育；（8）政治和宗教中立。

益、服务农民为核心宗旨。另外，随着合作社的发展，美国政府不断出台和完善农业相关的法律措施。早在 1922 年，联邦议会通过的《卡帕沃尔斯台德法案》就对合作社成员的性质和权益做了明确规定。后又连续出台了与合作社销售、竞争等相关的法律政策，为农业合作社的发展提供了逐步完善的制度保障。

（二）坚持按劳分配的分配原则

丹麦合作社实行"一人一票民主决策，利润共享按劳分配"原则。社员自愿加入合作社，但必须将农产品以固定价格提交给合作社；相对地，合作社要在确保销售额的前提下，以尽可能高的价格对社员的农产品进行收购，并根据农产品数量进行利润的初次分配。在运行机制上，丹麦农业合作社的决策由社员一人一票决定；营业所得利润必须按照社员参与合作社业务的交易量进行二次分配，严格限制或禁止社员按股分红，这就保证了按劳分配的原则。

我国农业合作社由于资本的稀缺，在生产过程中出现资本雇佣劳动的现象，同时分配过程中也出现了按资分配的方式。从合作社发展的国际经验来看，农业合作社发展初期，在利益分配上可以采取按劳动时间、交易量和按资分配相结合的分配方式，但应严格限制资本报酬的比重和资本权益，这在本文后面部分将展开探讨。

（三）产供销一体化，实现纵横联合

德国合作社为了适应市场经济的需求，发展为现代企业的组织形式，但本质上仍是劳动者的联合。社员们共同经营和决策，决定合作社企业的发展方向。农业合作社的规模化经营是通过横向地扩大规模、纵向地联合工商实现的，合作社发展的初级阶段，由合作社对联合和组织起来的农场的农产品进行收购、加工和销售，扩大组织规模。相同类型的农业合作社又通过合并、联合等方式实现"横向一体化"。部分合作社由于生产或经营模式单一，无法提升竞争力，就从土地、技术、加工到市场实现全产业链的运营。另外，联合工业和商业资本，贯穿了生产到销售的环节，从而实现了农业部门综合经营的"纵向一体化"。在工商业资本参与联合后，因其增加了农产品的附加值，社员也可以参与分配更多的利润。

美国农业合作社也是跨区域合作和联合发展的典型。以大农场为例，为了节省成本提高经济效益，近年来合作社之间不断地进行资本积聚和资本集中。一方面，为了扩大规模以增加市场份额，生产和经营同类型产品的合作社之间横向联合；另一方面，从生产到销售的整条产业链上，不同阶段的企业之间进行纵向联合。传统农业向现代型农业转型后，农业技术和互联网的发展为合作社之间的联合提供了更高效的途径。但是丹麦的农业合作社趋向

于单一专业的生产和经营项目，但在单一的合作领域内，合作社之间进行合并，规模也不断扩大，这使得农业合作社在专业领域内拥有绝对的垄断性和专一性。生产关系的调整引领生产方式的变革，生产方式在不同国家或地区、不同的组织形式有着特殊性。虽然农业合作社横向或纵向合并的形式不同，但都促进了农业生产力的发展。

资本积聚和资本集中是资本主义制度下企业增加资本积累的重要手段，与我国农业合作社的联合有着重要的区别。我国农业合作社还处于初级探索阶段，规模小、实力弱，政策不确定。随着我国社会主义市场经济的发展和对外开放程度的加深，农业合作社不仅应服务于农村土地的规模化生产，也要逐步推进产业链的整合，抵御市场风险，最终目的应是维护农户的利益，推动乡村振兴战略的实现。

四、经验总结和借鉴

（一）建立以劳动者联合为核心的农业合作社

过渡时期农业生产关系的变革是沿着"生产关系改造—生产方式变革—生产力提升"的路径，这一路径对我国实施农村振兴战略有重要积极意义。工业生产规模不断扩大，与农业相关的器械设备产量逐年增加，运用马克思的两大部类理论，农业部门也应协调发展，但是小农生产方式使我国农业在产业竞争中不断衰落，农业生产关系变革就有了可能性和必要性。

我国过渡时期从农业初级社到高级社的发展过程中，虽然允许一部分农户以土地入社，并获得土地报酬，但在事实上，土地已经归合作社和集体经济使用了。随着农村生产关系改造的完成，土地报酬的比重越来越低，直至消失。我国现代农业合作社处于探索阶段，由于对工商资本的需求，出现了资本在利润分配和要素组合中处于主导地位的趋势，在资本雇佣劳动的模式下，农业合作社偏离了以劳动者联合为核心的原则，出现了工商资本占主导的合作社组织形式。也正是由于资本要素的稀缺和劳动力资源分散，我国合作社的建立并不排斥资本的引入，但如果不对资本的比重和权限加以限制，资本会渗入从生产到销售，再到收益分配的各个环节，最终资本处于主导地位。那么，在合作社的内部治理结构中，必须协调好资本与劳动的关系，吸收大农户或工商资本为合作社所用的同时，限制资本的权益，建立以按劳分配为核心的利益分配机制。

合作社的运营实行社员自治原则。从罗虚戴尔公平先锋社到丹麦合作社，民主管理和"一人一票"原则充分调动了农民参与生产和决策的积极性。《农民专业合作社法》第一章第二条规定，农民专业合作社是在农村家庭承包经营基础上，同类农产品的生产经营者或者同类农业生产经营服务的提供者、利用者，自愿联合、民主管理的互助性经济组织。[1]法律上，农业合作社的发展并不否定家庭经营，而是以农村家庭承包经营为基础，充分尊重农民的意愿。这也反映了我国农业合作社发展处于初级阶段的特点，合作社初期需要有充分的包容性，与多种组织形式的农户相融合。

建立以劳动者联合为基础的农业生产基地、农场以及合作社等集体组织，不仅可以促进农村生产要素更优化的配置，以"劳动者联合"为核心还能保证劳动力在要素配置中处于主导地位，"农户+合作社+企业"等经营模式的创新还可以提升农户抵御市场经济风险的能力。

（二）工业化和信息化推动农村生产方式变革

新中国成立后，以高度集中的计划手段发展重工业，而农业生产水平落后。本文在前面部分分析了工业化战略对农业生产关系变革的推动，农业生产关系反之对中观生产方式变革起到了重要的引领作用，从而推动了国民经济生产力的发展。重工业的建设为农业提供了器械设备和水利设施，修建了铁路和运输设施，加上农业合作化组织形式的发展，为工业产品提供了原料和市场需求。在2016年《财富》杂志公布的世界500强排行榜中，我国以工业为主的企业占了50余家。随着工业和互联网的深度融合，我国逐步形成了比较健全的工业互联网体系，为农业规模化发展提供了数字化和智能化的技术支撑，也催生了新的农业生产力形态。

2015年10月，李克强总理在江苏常熟田粮农场考察时，提到"土地里也能产出黄金，但这要有条件，小块的一亩三分地不行，还是要大块、要规模效益"，农业现代化的重要改革方向是"在尊重农民意愿的基础上，不拘一格地推进多种形式适度规模经营"[2]，李克强总理多次强调用工业化的理念发展农业，一家一户的土地规模不适合大型机械生产，而农业机械的生产规模已经为农业生产方式变革开辟了道路。在此基础上，"互联网+合作社"的模式可以有效引领小农生产方式向现代农业规模化生产方式转变。

一方面，以工业化理念指导农村合作社的发展。工业化理念要求农业生产规模化，但我国目前家庭承包责任制已经不适应社会化大生产的需求，因此工业思维可以首先引领农村生产关系的改造。其一，树立规模经济和分工协作理念。将农业价值链上各个环节看作不同作用的车间，实行产业化生产和组织化运营。其二，商品经济形态下以市场为导向。乡村振兴战略的首要目标是农业增收和农民增收，我国社会主义市场经济仍然是商品经济形态，所以农业仍然要以市场为导向，在产品经营上仍要以经济效益为中心。其三，以工业化的方式解决土地资源和农业环境问题。借鉴国内外工业治理的

---

[1] 《中华人民共和国农民专业合作社法》第一章第二条，法律出版社2006年版。
[2] 《李克强：用工业的理念发展农业》，新京报新媒体网2015年10月3日。

成功经验，在农业生产和流通领域引入环境保护和质量标准机制。

另一方面，以工业化和信息化的成果提高农业规模生产的效率。在合理引导农村土地经营权有序流转的前提下，当代农业合作社应积极引入和推广农业机械、农业机器人等先进生产设备。国外农业规模化生产有"智能工厂"和"互联网＋"技术的普及，我国农业合作社也可以将自动化、物联网等技术引入农业生产和销售。在生产领域，在大型机械化设备的使用下，结合云计算等农业数据的智能分析，可以在节省农民劳动力消耗的同时，提高种植和养殖的效率。在流通领域，"互联网＋"和农村电商的发展打破了农产品市场的时间和空间限制。

所以，在农村首先进行生产关系的变革，使农村生产资料变为集体所有，再以合作社的力量引入工业化的理念和科技成果，引领农村生产方式的变革，从而推动农业生产力的提高。在中观层面上分析，这同时也会增加我国工业产品和科技产品的消费市场，推动工业化和智能化的发展。

（三）建立有中国特色的"纵横联合"农业合作组织

由于我国农村的地域性差异，农业合作社的性质和功能也不一样。借鉴国外合作社的成功经验，不同性质的合作社可以坚持以农民为核心、以市场需求为导向、以农业合作社为基础、以规模化生产和产业化经营为基本形式，逐步推进合作社的发展。结合各地区有比较优势的农产品，建立"专业种植＋专业加工＋专业营销"的产供销一体的合作组织，并鼓励专业合作社向高一级的合作组织升级。

"互联网＋"使合作社突破地域限制，各地区合作社之间也可以根据比较优势进行横向联合，或者处于产业链不同位置的合作社之间实现"产供销"一体，或延长产业链，与第二第三产业有效结合。但在联合过程中，应警惕资本的渗透，严格控制资本的比重，坚持合作社的联合是不同性质劳动者的联合。

五、小　　结

生产力与生产关系是生产方式两个不可分割、密切联系的方面，本文从生产方式特殊性出发，考察了我国过渡阶段农业生产关系改造对农业生产力的推动作用。工业化战略正是在扩大和加强社会主义生产关系的条件下进行的，经过社会主义改造，确定了社会主义国营经济在国民经济中的主导和支配地位，短期内形成了中国经济发展的物质技术基础，巩固了工农联盟，从而保障了社会主义改造的顺利进行。这条路径对我国实施乡村振兴战略、实现小农生产方式向现代型农业规模化生产方式转型有着重要的借鉴意义，即以工业化和互联网发展的成果，从生产领域和流通领域推动农业生产方式的变革。

另外，在我国农业合作社发展的现阶段，由于农村资本要素短缺，出现了以资本为主导的合作社组织。借鉴国外合作社的治理原则，我国农村集体经济发展过程中，必须坚持以"劳动者联合"为核心，坚持以劳动时间和业务量为核算标准的分配制度，严格控制和约束资本的作用。

参 考 文 献

［1］孙晓邨、萧鸿麟、曹锡光：《我国农业的社会主义改造的若干政策的客观依据问题》，载《经济研究》1955 年第 1 期。

［2］毛泽东：《关于农业合作化问题》，人民出版社 1955 年版，第 23 页。

［3］《中国农业年鉴（1980）》，农业出版社 1981 年版，第 4 页。

［4］朱荣等：《当代中国的农业》，当代中国出版社 1992 年版，第 100 ~ 102 页。

［5］《中共中央 "关于农业合作化问题的决议"》，人民出版社 1955 年版。

［6］吴承喜：《生产力与生产关系》，华东人民出版社 1954 年版，第 56 ~ 57 页。

［7］习近平：《决胜全面建成小康社会 夺取新时代中国特色社会主义伟大胜利——在中国共产党第十九次全国代表大会上的报告》，新华社 2017 年 10 月 27 日。

［8］周绍东、田斌：《从被动适应到主动引领：农地制度改革的政治经济学分析》，载《马克思主义与现实》2017 年第 6 期。

The Transformation Path of Agricultural Socialism and Its Enlightenment to The Development of Contemporary Agriculture

Jiang Min

（Nanjing University Of Finance & Economics, Nanjing, 210046）

Abstract: At the end of 1952, the party's first generation of central leadership put forward the general line of the transitional period of "one transformation and three transformation". While realizing the industrialization of socialism step by step, through the agricultural cooperative movement, the individual small-scale peasant economy is transformed into the socialist collective economy, and the rural productivity has been greatly improved. Based on "productivity, production methods, production relationship", we explore the transition rural relations of production change the evolution mode of agricultural production and productivity of leading role, and the combination of the small-scale peasant economy in rural "land ownership decentralization" and "the cultivated land and finely" and "small" problems. Analysis of the transition period, the path of the socialist transformation of agriculture of our country establish a laborer union important significance as the core of agricultural cooperatives.

Keywords: Mode of Agricultural Production　Production Relations change The Cooperative　International Experience

"习近平新时代中国特色社会主义经济思想"高层论坛会议综述

董长瑞　张新春*

（山东财经大学经济学院，济南　250014）

2018 年 6 月 20 日，由《山东社会科学》杂志社与山东省理论建设工程重点研究基地——山东财经大学山东经济理论与政策研究中心联合主办的"习近平新时代中国特色社会主义经济思想高层论坛暨第七届（2018）中国经济学创新与发展研讨会"在山东财经大学（舜耕校区）召开。会议由《山东社会科学》杂志社社长、主编周文升主持，山东财经大学党委书记王邵军，山东省社科联副主席、副书记周忠高分别为大会致辞，山东财经大学副校长綦好东为大会做总结性发言。会议分别由《山东社会科学》杂志社社长、主编周文升，《经济学动态》编辑部主任、中国社会科学院副研究员杨新铭，山东财经大学经济学院院长董长瑞教授，山东财经大学张红霞教授担任分阶段主持。

山东财经大学党委书记王邵军对各位专家学者的到来表示热烈欢迎，指出习近平新时代中国特色社会主义经济思想是新时代党和国家十分宝贵的精神财富，是对十八大以来我国经济发展的实践总结和理论升华，为未来中国经济学的发展和创新提供了思想积淀和理念指引，是新时代从事经济学研究的工作者应该着力继承、深入研究和勇于创新的经济学思想。

山东省社科联周忠高副书记全面分析了当前我国经济发展面临的形势与未来经济发展的趋势，指出习近平新时代中国特色社会主义经济思想审时度势，目光高远，十八大以来带领我国经济攻坚克难，5 年里我国经济实力再上新台阶。习近平新时代中国特色社会主义经济思想是我国经济学发展的重要理论成果，是指引未来经济社会发展的重要依据。

论坛云集众多国内知名学者，大家各抒己见，充分阐释自己的最新思想和成果，为与会人员呈现了一场耳目一新、名副其实的学术盛宴。研讨会上，武汉大学颜鹏飞教授做了题为"马克思经典著作再研究：兼论习近平中国特色政治经济学"的发言，围绕马克思的两本经典著作——《共产党宣言》和《资本论》，重温马克思经典著作的写作历程，并针对如何读经典著

* 董长瑞（1962～），山东财经大学经济学院教授；张新春（1985～），山东财经大学经济学院。

作给出具体见解。进一步依据中国的现实，提出掌握马克思政治经济方法论的精髓是实现经典著作本土化的关键。

改革开放初期，邓小平提出要解放生产力，发展生产力；如今，习近平总书记在原来邓小平的解放和发展生产力的基础上强调保护生产力。保护生产力也就意味着重视生产力的质量问题，生产力是数量和质量的统一。西北大学任保平教授就此问题系统介绍了其研究进展，认为进入新时代以后，中国经济发展已经由高速增长阶段转向了高质量发展阶段。高质量发展不仅是中国经济发展的目标导向，而且也是中国经济发展的升级版。高质量发展靠高质量生产力来推动。我国在消除贫困走向富裕的经济发展阶段，一直重视的是对生产力数量的研究；而进入高质量发展阶段，我们需要重视生产力质量的研究。所以新时代中国特色社会主义政治经济学要研究生产力。研究生产力不仅是研究生产力的数量问题，还有生产力的质量问题。生产力质量是用人们改造自然获取物质资料质量的效率来表示的。并从三个角度分析生产力质量的度量问题，系统阐述了"高质量发展中生产力质量的提高路径"。

上海财经大学马艳教授，借鉴美国马克思经济学研究的积累社会结构学派（SSA），结合中国发展历程和当前发展实际，搭建中国化的 CSSA 政治经济学分析框架，为我们研究中国特色社会主义政治经济学理论体系提供了新视角。他认为我国的政治经济学理论框架涉及六大利益关系：劳资利益关系、资资利益关系、资本和社会的利益关系、意识形态利益关系、国际利益关系、生态利益关系。这六大利益是一个横向的逻辑框架。系统阐述了每一个关系的具体内容，并详细分析了新中国成立以来这六大利益关系的动态变动特征。

华南师范大学赵学增教授从乡村和城市初始融合的自然状态、自然秩序下城乡之间的初始融合、城乡互相之间的对立运动及趋势、乡村振兴在城乡融合当中贡献等方面深入分析了乡村振兴战略的理论基础。并提出城乡统筹只是实现城乡融合的手段，而城乡一体化只是城乡融合的另一种表述，这二者是同一内容的两种表述方式，将城乡统筹、城乡一体化、城乡融合按照递进顺序排列，就是混淆了手段和目的的区别。从城乡统筹到城乡一体化再到城乡融合，这所谓的三次逻辑飞跃，就其真实内容来看，只是城乡融合这一个范畴自我复制的不同名分，有的还是面目皆非的名分。为我们认识城乡问题提供了较为完整的理论解剖和现象梳理。

中国社会科学院胡家勇研究员认为我国所有制演进有内在规律可寻，并从理论和实践对改革出发，对开放 40 年来我国所有制理论演进规律进行了详细系统地分析。进一步地，从建立现代产权制度、要素市场化配置入手提出推进新时代所有制改革的突破口。提出我国所有制的理论出发点是经典文献对未来社会的设想，也即，生产资料公有制或者是社会所有制。这是所有制结构的开始，改革开放之后，解放和发展生产力，这一结构趋于多元化。

党的十五大是所有制理论发展的一个最重要历史结点。在经历政界、学术界反复讨论之后，十八届三中全会和习近平新时代中国建设社会主义经济思想把社会主义基本经济制度再次提高到很高的位置，是中国特色社会主义制度的重要支柱，是社会主义市场经济的根基。

中国社会科学院胡乐明研究员指出研究经济形势，必须瞻前顾后，以往知来，以见知隐，从经济发展长周期和全球政治经济大背景出发，来加以认识。十九大提出的两步走战略更是一个很长规划，我们应该从长周期视角来看待这个问题。基于此，胡乐明研究员运用经济长波理论这一工具，联系工业革命进程，从18世纪开始研究世界经济波动大势，对十九报告中提出的2020～2050年的两步走战略所面临过的外部环境进行了直观而有启发性的研究。提出我国建设社会主义现代化强国过程中会面临诸多挑战和机遇，只有抓住第三次工业革命的机遇，顺利完成经济结构调整，我们才能实现世界领先的愿景，否则可能还要在不发达的状况里面继续徘徊。胡乐明研究员为我们充分认清"两个一百年"奋斗目标的外部环境提供了判断依据。

中国社会科学院王振中研究员以马克思的引文"各种经济时代的区别，不在于生产什么，而在于怎样生产，用什么劳动资料生产。劳动资料不仅是人类劳动力发展的测量器，而且是劳动借以进行的社会关系的指示器"为切入，结合习近平总书记2018年5月28日在中国科学院第十九次院士大会和中国工程院第十四次院士大会上的讲话"要推进互联网、大数据、人工智能同实体经济深度融合，做大做强数字经济。"并引入英国《星期日泰晤士报》发出的警告："中国官员应该从他们的卡尔·马克思必修课上了解到了，掌握生产资料至关重要。"提出了他关于"做大做强数字经济"思考。习近平总书记认为发展先进制造业仅仅注重优化劳动力、资本、土地、技术、管理等要素配置是不够的，数字化知识和信息是关键的生产要素。要想产业有效转型升级，就必须推动互联网、大数据、人工智能等数字经济和实体经济深度融合。同时他还指出，数字经济是以现代信息网络作为重要载体，而采用国外产品的软硬件设备广泛存在于政府、海关、金融、运输、公安等要害部门，对我国整体安全造成极大的威胁。

山东财经大学经济学院院长董长瑞教授作了"跨越市场经济陷阱，建设现代化经济体系"的主题发言，指出现代化的经济体系实际上是社会主义市场经济的深化。在某种意义上，我们应该用现代化的经济体系去替代市场经济，发展经济要不忘初心，而初心就是人的发展；并进一步阐释政治经济学探讨物质利益关系、生产力、所有制关系，讨论这个关系，目的是通过这个关系来促进生产力的发展，进而实现人的全面发展。这是研究政治经济学的出发点，也是建设现代化经济体系的唯一追求。在此基础上，董长瑞教授认为市场经济是现代化经济体系的一个组成部分，建设现代化经济体系建设必须与人的全面发展相统一，必须和现代化的社会化大生产相一致，必须和新的科技革命相联系。针对同一问题，武汉大学王今朝教授随后作了以"对现代化经济体系的本体论再认识"为主题的发言认为社会主义公有制已经使得中国经济体系在生产关系上现代化了。现在，非公经济占比从各方面来看"已经触及了'公有制为主体'的高压线"，碰到了"理论和政策规定的'红线'"，而社会主义公有制就是国家治理的最基础的架构，现代化经济体系必须坚持建立以公有制为基础，进一步的，当前应以建立现代化经济体系作为中国国家治理的经济基础。董长瑞从所有制问题上为我们分析了现代化经济体系的内涵。

中国人民大学杨志教授作了题为"构建人类命运共同体是一个可操作的伟大工程"的发言。杨志教授从马克思对人的揭示入手，分析人类命运共同体的渊源，认为马克思从人与自然和人与人关联性的框架中，把握了人到底是什么，然后就有了他对于人是关于社会关系总和的认识。人有个体的人类、群体的人类，有整体的人类、全体的人类，同时，人类是从自然界走出来的，他还是一个历史的人，是一个社会的人，是一个制度框架中的人，还是文化引领中的人，并且很重要的就是一定生态环境中的人。到了现代，由于资本主义生产方式的发展，这个"人"已经面临资源短缺、环境污染、生态失衡，人与自然的关系日益紧张。所以人类如果不一起面对的话，恐怕连地球这一生存的家园都保不住了。那么从人与人之间的关系来看，信息革命、网络革命、互联网革命、数字革命已经把人的经济活动变成了全球化行为，全球化是客观存在的。那么全球化的特别指出在于你中有我，我中有你。在这种情况下，从整体上考虑人类命运的问题，已经是提到议事日程了。并且不管从个人、集体、局部、区域等来看人类命运共同体都是可操作的。更进一步地，杨教授提出人类命运共同体要和价值共同体、责任共同体、利益共同体同时进行。不但从哲学层面为我们理清了人类命运共同体的渊源，也为我们指出现实的去路和实践性。

武汉大学周绍东教授作了"中国特色社会主义政治经济学的历史开端"的报告，提出中国特色社会主义政治经济学是对新中国成立以来，特别是改革开放以来我国经济建设经验的历史总结，也是对新时代中国特色社会主义重大经济现实问题的理论回应，是当代中国的马克思主义政治经济学。并提出中国特色社会主义政治经济学"一论二史"的理论体系，为我们研究政治经济学开辟了一条新思路。同时还介绍了其所在的课题组《中国特色社会主义政治经济学思想史》（六卷本）的创作工作。

河北经贸大学武建奇教授分享了其"中国崛起：制度优势的必然——学习习近平中国经济发展的制度优势思想"。创造中国奇迹、实现中国崛起、取得国际竞争优势，最根本的原因主要在于：制度优势"是中国发展进步的根本保障"。认为中国的"制度优势""制度效率"具体表现在5个方面的较量："两只手"与"一只手"的较量、"算大账"与"小算盘"的较量、战略安排与自发配置的较量、"政贵于恒"与轮流执政的较量、合作共赢与霸权思维的较量。为我们提供了全面而形象的制度优势分析。针对相关问题，山东财经大学韩玉玲教授在"习近平新时代中国特色社会主义经济思想的理论渊源和基本内涵"的大会上发言，提出习近平新时代中国特色社会主义经济思想是在解决十八大以来经济发展遇到的新矛盾和新问题中形成，是适应解决新常态下经济发展遇到的新问题的现实需要而产生。习近平的经济思想既继承了马克思主义政治经济学的立场、观点和方法，也继承了中国特色社会主义经济发展思想，同时还吸收了中国传统文化营养以及当代西方经济学中的有益成分。

　　曲阜师范大学刘刚教授发表了题为"中等收入陷阱在中国的破灭：改革开放后 20 年（1998～2018）的中国经验"的大会报告，研究结果指出，从 1987～1997 年 10 年间，我国经济基本上没有明显增长，我国人均收入水平或者收入增长没有赶上世界银行标准的提升速度。1998 年之后我国进入中等收入阶段，按照中等收入陷阱的理论我国应该进入一个慢增长阶段，但实际上并没有或者恰恰相反。1998 年之后，我们就进入到快速增长阶段，到 2008 年金融危机之后，增长速度就更快。1998 年，第一场金融危机，我们进入到中等收入阶段。2008 年第二场全球金融危机之后，中国就迅速进入到上中等收入阶段。刘刚教授结合其他发展中国家的案例分析，提出中等收入陷阱这个假说在理论上应该是不成立的，为我们提供了思考问题的新角度。

　　山东财经大学副校长綦好东做总结性讲话，他充分肯定了与会专家精彩的学术思想，强调研究就是发现规律，解释规律。提出习近平新时代中国特色社会主义经济思想精髓是对经济社会发展规律的孜孜以求，当代经济学学者应当堪当大任、砥砺前行，振兴中国经济学。

　　来自《经济与管理评论》、《山东财经大学学报》、《经济理论与政策研究》等学术期刊的代表、山东财经大学的师生、媒体代表等共计 60 余人参加了本次论坛。各位专家学者围绕"习近平新时代中国特色社会主义经济思想"这一主题，深入探讨了一系列关于中国特色社会主义经济学发展的理论和实践问题，为深入研究"习近平新时代中国特色社会主义经济思想"、推动中国特色社会主义经济学的发展和创新发挥了积极作用。

《经济理论与政策研究》征稿启事

《经济理论与政策研究》是由山东省理论建设工程重点研究基地山东省经济理论与政策研究中心主办，由经济科学出版社出版的开放性经济理论与政策相关研究学术文集。其宗旨是开展经济理论与政策研究，推动理论发展，优化政策取向，为国家和山东省经济社会发展服务。

《经济理论与政策研究》欢迎原创性的理论与政策研究论文，其内容包括中国特色社会主义理论体系、宏微观经济、产业经济、区域经济、农业与农村经济、国防经济、全球经济、和谐社会等相关经济理论与经济政策研究。

《经济理论与政策研究》真诚欢迎大家赐稿。来稿要求：

1. 文稿应思想健康、主题鲜明、立论新颖、论述清晰、体例规范、富有新意。文稿一般不低于8000字。

2. 必须符合匿名审稿制度的要求。所寄稿件的正文不要出现作者信息。作者的姓名、性别、出生年月、籍贯、工作单位、专业技术职务、主要研究方向、通信地址、邮编、联系电话、电子邮箱等请另打印一页，附于正文前。

3. 来稿请用A4纸打印一份，寄本刊编辑部，并同时提供电子版，收稿邮箱：llzcyj@126.com。

4. 提倡严谨治学，保证论文主要观点和内容的独创性。对他人研究成果的引用务必注明出处，并附参考文献；图、表注明资料来源，不存在侵犯他人著作权的行为。否则，因抄袭等原因引发的知识产权纠纷作者将负全责，编辑部保留追究作者责任的权利，且一经发现此类情况，本刊3年内不予刊登该作者的文章。

5. 来稿本着文责自负的原则，作者切勿一稿多投。

6. 来稿应采用规范的学术语言，避免使用陈旧、过时、文件式和口语化的表述。

7. 本刊对稿件有删改权，不同意删改者请附声明。因人力有限，恕不退稿。自收稿之日起3个月内，未收到用稿通知，作者可自行处理，本刊一律不退稿。

感谢您的关注与支持！